ADOLESCENTES E JOVENS...
EM AÇÃO!

FUNDAÇÃO EDITORA DA UNESP

Presidente do Conselho Curador
Marcos Macari

Diretor-Presidente
José Castilho Marques Neto

Editor Executivo
Jézio Hernani Bomfim Gutierre

Conselho Editorial Acadêmico
Cláudio Antonio Rabello Coelho
José Roberto Ernandes
Luiz Gonzaga Marchezan
Maria do Rosário Longo Mortatti
Mario Fernando Bolognesi
Paulo César Corrêa Borges
Maria Encarnação Beltrão Sposito
Roberto André Kraenkel
Sérgio Vicente Motta

Editores Assistentes
Anderson Nobara
Denise Katchuian Dognini
Dida Bessana

MÁRCIA AP. BERTOLUCCI PRATTA

Adolescentes e jovens... em ação!
Aspectos psíquicos e sociais na educação do adolescente hoje

editora
unesp

© 2008 Editora UNESP

Direitos de publicação reservados à:
Fundação Editora da UNESP (FEU)
Praça da Sé, 108
01001-900 – São Paulo – SP
Tel.: (0xx11) 3242-7171
Fax: (0xx11) 3242-7172
www.editoraunesp.com.br
feu@editora.unesp.br

CIP – Brasil. Catalogação na fonte
Sindicato Nacional dos Editores de Livros, RJ

P927a

    Pratta, Márcia Ap. Bertolucci (Márcia Aparecida Bertolucci)
      Adolescentes e jovens... em ação!: aspectos psíquicos e sociais na educação do adolescente hoje/Márcia Ap. Bertolucci Pratta. -- São Paulo: Editora UNESP, 2008.
      il.
      Inclui bibliografia
      ISBN 978-85-7139-834-4

      1. Psiquiatria do adolescente. 2. Adolescentes - Condições sociais. I. Título.

08-2423.
                                                                                         CDD: 155.5
                                                                                        CDU: 159.922.8

Este livro é publicado pelo projeto Edição de Textos de Docentes e Pós-Graduados da UNESP – Pró-Reitoria de Pós-Graduação da UNESP (PROPG) / Fundação Editora da UNESP (FEU)

Editora afiliada:

Asociación de Editoriales Universitarias de América Latina y el Caribe

Associação Brasileira de Editoras Universitárias

*Dedico este trabalho
a meu marido Beto e a meus filhos:
Nara, Betinho e Caio
que são e sempre serão
a minha inspiração.*

Sumário

Introdução   9

1 Fenomenologia do comportamento
adolescente no século XXI: Descalvado em destaque   21

2 Indivíduo e cultura   47

3 Adolescência   87

4 Adolescência e educação: o papel da
família, da escola e das instituições sociais   131

5 Considerações finais   149

Referências bibliográficas   155

Introdução

Ao pensar nas diferentes formas de introduzir o presente trabalho veio a minha[1] mente uma tempestade de sentimentos, recordações e expectativas que resolvi sintetizar como parte de uma história. História dos diferentes adolescentes que foram a inspiração de minha pesquisa. História da própria trajetória do conceito e das metodologias educacionais. História de nossa cultura, de nossa gente: minha história. É por meio do olhar de minha história que expresso uma série de preocupações com as demais histórias que aqui apresento. É desta forma que introduzo ao leitor a presente pesquisa. Com a narrativa das experiências profissionais que me conduziram a pesquisar a temática da *adolescência na intersecção da Saúde com a Educação e a Cultura.*

Iniciei minha trajetória no mercado de trabalho como auxiliar de enfermagem, pela prefeitura do município de Descalvado (interior de São Paulo) em 1988, aos 18 anos de idade, sem formação adequada para a função.

---

1 A introdução da presente pesquisa foi baseada nas experiências pessoais da pesquisadora que possibilitaram a busca de conhecimentos acerca do tema proposto. Desta forma, este relato, bem como as considerações finais, estão apresentados na primeira pessoa, diferentemente do restante do trabalho.

Exerci a função de auxiliar de enfermagem por dois anos no centro de saúde local, período em que busquei a qualificação de atendente de enfermagem. Deparei-me com uma realidade diferente da que se aprende em livros e noticiários. O trabalho na unidade de saúde envolvia muitos aspectos educativos tais como: cuidados com a criança, com o próprio corpo, orientações que envolviam doenças de caráter endêmico e cuidados básicos de saúde. Eu percebia um grande esforço por parte dos profissionais, tanto por meio de orientações, como, muitas vezes, pelos atendimentos prestados, visando à melhoria da saúde daquelas famílias, como, por exemplo, pelo fornecimento de cestas básicas, sementes de verduras e leite. Mas, apesar de todos os esforços da equipe, a ocorrência de casos de desnutrição, gravidez precoce e morbidades causadas pela falta de cuidados pessoais e prevenção continuavam a chamar a atenção. Essa situação parecia perpetuar um sentimento de impotência nos profissionais de saúde.

Após a aprovação em concurso público para exercer uma função administrativa na mesma prefeitura, continuei na área da saúde, desempenhando funções no centro odontológico do município. Nessa unidade, além dos atendimentos curativos eram desenvolvidos trabalhos de prevenção nas escolas municipais. Mais uma vez ficava claro para mim como a saúde e a educação caminham juntas.

Após esse período, trabalhei no setor administrativo de outras unidades de saúde, direta ou indiretamente, como ambulatórios periféricos e pronto-socorro. Essas experiências possibilitaram uma visão ampla do sistema de saúde e me levaram posteriormente a exercer a função de secretária executiva na Secretaria Municipal de Saúde. Nessa função, pude auxiliar os gestores a elaborar políticas públicas, executar normatizações federais e aspectos administrativos que envolviam recursos financeiros e gestão de recursos humanos. Os secretários de saúde, todos médicos, não dispunham de muito tempo para dedicarem à Secretaria e depositaram em mim uma grande confiança. Em muitos momentos, sentia-me com responsabilidades além das que minha idade, função e capacidade permitiam. No entanto, eu me via na obrigação de fazer o melhor possível, por causa do grau de importância (pelo menos o que eu atribuía) do trabalho para com os munícipes. Essa situação me

ADOLESCENTES E JOVENS... EM AÇÃO! 11

fez buscar conhecimentos que me dessem suporte adequado para o desenvolvimento das atividades. Entre outras coisas, aprendi sobre a história do desenvolvimento das políticas de saúde no Brasil e o quanto essa história contribuiu para muitos problemas que o setor enfrenta atualmente, tais como: a cultura da medicalização, a superespecialização, o modelo de gestão de saúde centrado no médico e no atendimento curativo. Aprendi que esse "modelo" vem se tornando cada vez mais oneroso e menos eficaz, e as mudanças trazidas pela Constituição de 1988, inclusive sobre o próprio conceito de saúde, exigem outras formas de atuação. A meu ver, a saúde caminha cada vez mais para a necessidade de uma abordagem dos aspectos educativos a ela associados.

Anos depois, em 2000, assumi a presidência do Conselho Municipal Antidrogas (Comad) por indicação e nomeação do prefeito municipal. Essa função acabou exigindo outros conhecimentos e, novamente, a necessidade de buscar novos subsídios que me dessem suporte para o desenvolvimento do meu trabalho. Busquei esses subsídios tanto nas formulações das políticas antidrogas do país, por meio da Secretaria Nacional Antidrogas (Senad), quanto nas capacitações que envolviam seminários e cursos. Mais do que uma necessidade, o envolvimento com questões de saúde e educação acabavam me aproximando também de questões sociais, que exigiam meu lado "cidadão, solidário", além do profissional, mas que, apesar de tudo, suscitavam em mim a paixão por cada ato que eu executava.

A composição do Comad passou a contar com a participação de representantes do poder executivo, sociedade civil, representantes do poder judiciário, das polícias civil e militar e instituições religiosas. No decorrer dos trabalhos, foi possível observar que as características dos membros que compõem o Conselho apontavam um variado espectro de concepções de mundo: algumas extremamente tradicionais, outras moralistas, outras radicais[2]. Há propostas mais contemporâneas, como o investimento em educação e na reinserção social do dependente químico. Esses trabalhos visavam o combate ao preconceito e o esclarecimento

---

2   Alguns membros não vêem outro caminho senão pela repressão, exigindo o aumento do policiamento, diminuição da idade penal, posturas mais severas do poder judiciário, entre outros.

coerente e científico dos determinantes da questão da droga em nosso país. A meu ver, representam, de modo significativo, o momento de transição de valores pelo qual passamos. Em 2001, um enfermeiro assumiu a Secretaria de Saúde. A partir de então, minhas funções diversificaram-se, determinadas, sobretudo, pelo meu interesse em algumas das necessidades do setor de saúde, notadamente, as que envolviam questões educacionais. Na ocasião, eu freqüentava o curso de Pedagogia. Apesar de meus treze anos de atuação na saúde, eu me via cada vez mais envolvida com os aspectos educacionais, e entendia que era esse o caminho que deveria seguir para satisfazer minhas pretensões profissionais e meus interesses na questão social. Iniciei trabalhos e projetos com alunos da Educação Infantil e Ensino Fundamental, com profissionais de saúde e comunidade direcionados à prevenção de doenças endêmicas como a dengue e a febre amarela. Posteriormente, desenvolvi trabalhos de capacitação da equipe de saúde, relativos aos aspectos de trabalho em equipe e humanização do atendimento. Além dessas atividades, continuei também desenvolvendo as atividades administrativas e burocráticas da Secretaria de Saúde, ocupando-me inclusive do desenvolvimento de programas de saúde.

Nesses trabalhos e nas diferentes discussões com as equipes de saúde sobre os principais problemas enfrentados por eles, começaram a despontar problemas cada vez mais agudos envolvendo a população adolescente. Ao mesmo tempo, percebia-se uma ausência de programas ou atividades voltadas para esse público.

Pude acompanhar a evolução dos indicadores de saúde[3] e, conseqüentemente, as mudanças ocorridas no que se refere à população adolescente. Essas mudanças também puderam ser percebidas por meio de ações pontuais que a Secretaria de Saúde desenvolvia junto às escolas, tais como: palestras, campanhas de vacinação, distribuição de materiais e informativos. No decorrer dos últimos anos, essas ações

---

3   Dados quantitativos de morbidade e mortalidade nos âmbitos municipal, estadual e federal, com o intuito de acompanhamento, avaliação e planejamento de ações de saúde.

ADOLESCENTES E JOVENS... EM AÇÃO! 13

mostraram-se ineficientes, exigindo cada vez mais a promoção de trabalhos sistemáticos relativos a temas, como: sexualidade, consumo de drogas e violência.

Algumas situações e discursos causaram-me inquietações a ponto de me impulsionar a procurar respostas além das que o cotidiano impunha. Eram respostas relativas a:

- manifestações contemporâneas da adolescência: aumento da gravidez precoce, violência, consumo de drogas, prostituição;
- formas de intervenção, principalmente no que diz respeito à prevenção, campo em que se insere a educação.

Nos níveis federais e estaduais, cresceram a implantação e a implementação de programas direcionados exclusivamente a esse público, tais como Programas de Saúde do Adolescente, Programa Agente Jovem, Projetos de Atenção a Meninos de Rua, entre outros.

As discussões surgidas das reuniões do Conselho Municipal Antidrogas trouxeram à luz alguns pontos que me inquietavam cada vez mais: uma certa desresponsabilização de cada setor envolvido e, conseqüentemente, a veiculação de um "pré-conceito" de que a culpa dos problemas do envolvimento da juventude com as drogas estava relacionada à família, à escola e, na maioria das vezes, ao próprio adolescente.

Diante desse quadro, propus-me a buscar alternativas para a efetivação de um programa específico dirigido a essa população.

A partir daí, foi iniciada uma série de ações voltadas especificamente para esse público, incluindo a proposta de implantação do Programa de Atenção Integral à Saúde do Adolescente (Proisa), voltado aos adolescentes, promovido pela própria Secretaria da Saúde.

Para tanto, foi composta uma equipe formada por uma estudante de Pedagogia (no caso, eu), um terapeuta ocupacional e um auxiliar de enfermagem. A composição da equipe levou em consideração o perfil dos profissionais e a disponibilidade de recursos existentes no quadro da Secretaria de Saúde. Participamos de alguns cursos de capacitação oferecidos pelo Programa Estadual de Atenção ao Adolescente e pela Universidade do Estado de São Paulo (Unesp) de Araraquara, além de efetuar visitas e obter orientações, a partir de experiências bem sucedidas

14 MÁRCIA APARECIDA BERTOLUCCI PRATTA

em outros municípios. Nesse sentido, teve grande contribuição para nosso embasamento o Programa de Atenção Integral à Saúde do Adolescente (Paisa) de Araraquara[4], bem como a Secretaria Municipal da Criança, do Adolescente e do Idoso de Pirassununga, ambas as cidades do interior paulista, com população acima de cem mil habitantes. Esse último dado é importante, uma vez que o município de Descalvado, sobre o qual pretendemos fixar nosso olhar nesta pesquisa, apresenta uma população bem menor; de aproximadamente trinta mil habitantes, logo, com outras características. Também tiveram um papel significativo na formação da equipe as capacitações oferecidas pela Coordenação Estadual da Saúde do Adolescente direcionada pela professora Albertina Duarte Takiuti.

Dentre os trabalhos desenvolvidos no município destaca-se a formação de grupos com adolescentes localizados em três bairros[5], com o auxílio, principalmente, dos Programas de Saúde da Família (PSFs)[6]. Os profissionais dessas unidades efetuaram os convites a adolescentes em situação de vulnerabilidade[7]. Depois disso, os grupos puderam ser implementados, por meio da procura direta desses serviços por parte dos próprios adolescentes.

---

4 Hoje Centro de Referência ao Adolescente.

5 Os bairros escolhidos foram Morada do Sol e Jardim Albertina, por já contarem com equipes de PSF que poderiam auxiliar nos trabalhos. Os bairros também são caracterizados por população em situação socioeconômica precária e com grandes problemas sociais (tráfico de drogas, prostituição etc.). O terceiro local escolhido para desenvolvimento do trabalho foi o centro, que poderia estar acolhendo os adolescentes de outros bairros.

6 Programa criado pelo Ministério da Saúde em 1994, com o principal propósito de reorganizar a prática da atenção à saúde em novas bases e substituir o modelo tradicional, levando a saúde para mais perto da família e, com isso, melhorar a qualidade de vida dos brasileiros. Uma das inovações do Programa é a criação da categoria Agente Comunitário de Saúde, que por meio das visitas domiciliares mensais, cria um vínculo entre a comunidade e a equipe de saúde.

7 "Adolescentes em situação de risco social e pessoal" são adolescentes expostos a ambientes violentos, muitas vezes envolvidos com o tráfico de drogas, vítimas de abuso e negligência ou exploração; ou, muitas vezes, que apresentam comportamentos individuais que prejudiquem a si mesmos ou a outrem. O conceito de vulnerabilidade amplia o conceito de risco na medida em que concebe a inter-relação de fatores distintos como os individuais, os sociais e os políticos. Conforme Barros, in Conselho Federal de Psicologia, 2002.

ADOLESCENTES E JOVENS... EM AÇÃO! 15

Sem local e material específico para o trabalho, desenvolvíamos as atividades em barracões, igrejas e campos de futebol. Utilizávamos música, capoeira, jogos, vídeos e, principalmente, de nossa disponibilidade para ouvi-los.

Na maioria dos cursos freqüentados por nossa equipe, destacaram-se as orientações sobre as formas de aproximação e formação de vínculo com os adolescentes; trabalhos direcionados ao tema sexualidade; além de outras formas de expressão como teatro, dança e poesia. Uma vez estabelecido o vínculo, poderíamos aprofundar discussões que permitissem o desenvolvimento de fatores de proteção para o adolescente.

No entanto, por meio de nossas experiências com os grupos, foi possível percebermos que os adolescentes que vêm para nós não querem discutir sexualidade ou entender da sexualidade associada à idéia de "prevenção" (de doenças sexualmente transmissíveis, Aids, gravidez precoce, entre outros), o que implicaria ponderar sobre a necessidade de pensar sobre o uso de preservativo ou outras formas de anticoncepção. Sua sexualidade está aflorando na forma genital, mas todas as características próprias dessa fase se encontram associadas à forma fragmentada e narcísica da cultura contemporânea, ressaltando, nos adolescentes, sua onipotência e, ao mesmo tempo, sua fragilidade. Os jovens tendem a esquivar-se de assuntos que possam expor algo que revele sua intimidade. Questões ligadas à família, à sexualidade e a atitudes que eles mesmos possam julgar como passíveis de recriminação são difíceis de serem narradas ou, até mesmo, pensadas por eles. Isso ocorre, sobretudo, em situações que exigem deles o enfrentamento da realidade (interna ou externa), que possam lhes trazer sofrimento.

Outro fato que nos saltou aos olhos foi que muitos desses jovens conseguiam fazer reflexões importantes sobre si mesmos e sobre suas atuações, no entanto, adotavam, no cotidiano, atitudes que não demonstravam essa reflexão. Em seus relatos, podia-se perceber as pressões dos "grupos de rua", da escola e da própria família, que faziam com que eles não conseguissem efetivar as mudanças de atitudes e comportamentos que acreditavam ser necessárias. Essas mudanças diziam respeito às questões conversadas no grupo como, por exemplo, a atividade sexual protegida, comportamentos violentos e valorização do saber escolar. As questões suscitadas e as supostas conclusões dos adolescentes surgiam das reflexões do próprio grupo. As falas desses jovens, bem como suas histórias serviram para guiar nossas reflexões durante o desenvolvimento dessa pesquisa.

Como as explicações centradas nas "causas externas" (sociais) começaram a me parecer frágeis, senti necessidade de conhecer mais as causas de natureza psicológica que conduziam os adolescentes para situações de vulnerabilidade.

A partir de 2004, passei a ocupar o cargo atual de diretora da Divisão de Prevenção e Assistência à Saúde. Uma das ações que me propus a realizar foi a estruturação de um Ambulatório de Saúde Mental no município, tanto para poder oferecer atendimento a dependentes químicos (proposta do Comad), como para atender a outras demandas que nos chegavam, principalmente das escolas públicas. Para tanto, utilizei as experiências da equipe de profissionais, contratei outros, e busquei fundamentação na legislação vigente, além de contar com profissionais do curso de Enfermagem da Universidade Camilo Castelo Branco – Unicastelo, da área de Saúde Mental. Fizeram parte dessa equipe enfermeiras, terapeutas ocupacionais, psicólogos, assistente social, psiquiatra, farmacêutico e fonoaudióloga.

Em 2005, foi inaugurada também a "Casa do Adolescente", que com equipes multiprofissionais e atividades diferenciadas, passou a atender diferentes demandas como pretendo apresentar posteriormente.

A partir da estruturação dessas equipes (psiquiatra, psicólogos, assistente social, enfermeiro, fonoaudióloga, entre outros), foi possível desenvolver um projeto, em 2005, com ênfase nos aspectos da interface entre Saúde Mental e Educação, que possibilitou a ampliação das questões que me propus a pesquisar.

Apaixonei-me pelo trabalho com adolescentes e, ao mesmo tempo, pude perceber o quanto a atual sociedade está organizada de forma a propiciar condições de surgimento e manutenção de situações de risco e vulnerabilidade para esses jovens, que são impulsionados para uma ausência de reflexão e de perspectiva de futuro. A educação, seja no

ADOLESCENTES E JOVENS... EM AÇÃO! 17

âmbito formal, seja no âmbito informal[8], tem um papel, senão definitivo, ao menos respeitável neste processo, uma vez que participa da construção da visão de mundo, do sentido de humanidade e do próprio futuro para esses jovens. Questões que não deixam de ser de interesse da Saúde Pública.

No início, procurei a pós-graduação como uma "âncora" para as minhas angústias e para os problemas que relatei, com a intenção de realizar uma pesquisa-ação. Conforme fui ampliando meus estudos na pós-graduação, percebi o quanto de utopia havia nesta busca que era alternada com momentos de desânimo, em que apareciam frases como: "tudo já foi dito, por que, então, as coisas continuam as mesmas?", e outras de "não há solução". Hoje, entendo quão necessário é esse caminho para o processo de amadurecimento e o quanto a pesquisa, independente da área e da forma que se dê, pode contribuir para uma mudança necessária da postura do pesquisador, sobretudo, para aquele que pretende repensar suas formas de atuação social.

Como inúmeras outras histórias que se ouve, essa aconteceu comigo. Abalou e construiu minhas concepções, minha visão de mundo e permitiu-me pensar que é preciso fazer algo que dê sustentação e contornos para esses jovens que se unem e se agridem na tentativa de crescerem.

Como pode ser percebido no decorrer da minha exposição, busco entender como se dá a articulação das questões subjetivas com as questões sociais na contemporaneidade e, a partir desse olhar, pensar a intersecção entre Saúde e Educação.

Assim, é objetivo dessa pesquisa buscar fundamentação teórica que permita uma articulação das questões internas (subjetivas) e externas (culturais) que têm levado o adolescente à atuação[9], seja contra si mesmo, seja contra a sociedade, e pensar em que medida a educação formal (escolar) e não formal (social, saúde) poderiam ser mais eficazes, no sentido de permitir que o adolescente encontre seu lugar na sociedade, sem contudo, "arrombá-la".

---

8   Optamos pela expressão educação formal e não formal para a diferenciação da educação escolar em relação à educação praticada por outras instituições.

9   Ou *"actings outs"* cujo conceito será discutido durante a pesquisa.

Para o melhor entendimento e aprofundamento das idéias dos autores estudados, utilizei situações e falas dos adolescentes e profissionais que atuam com eles, extraídas das minhas experiências já relatadas anteriormente e de algumas entrevistas coletivas e individuais cujos relatos pretendo utilizar de modo a dar vida às reflexões teóricas que desenvolvo nesse trabalho. Portanto, o olhar da presente pesquisa, apesar de se apropriar de situações abrangentes, estará voltado para o cenário da cidade de Descalvado, no interior paulista. De forma a preservar a identidade dos jovens e profissionais cujas histórias utilizo para as presentes reflexões, serão utilizados pseudônimos durante todo o trabalho.

Para alcançar esses objetivos, pretendo conduzir o leitor pelos caminhos que percorri que não trarão conclusões, mas apontarão, certamente, algumas propostas para se repensar o campo da saúde pelo viés da Educação.

No primeiro capítulo, apresento o cenário que, a princípio, levou-me à pesquisa: a fenomenologia do adolescente hoje. Nesse capítulo destaco alguns dados epidemiológicos, tais como: violência, homicídio, gravidez precoce, entre outros.

Ao lado desses dados, apresento o município de Descalvado com suas características peculiares e seus dados epidemiológicos em relação ao adolescente. Além disso, apresento ao leitor nossas questões de pesquisa.

A partir de então, inicio um percurso teórico fundamentado na psicanálise. No segundo capítulo, discorro sobre os pressupostos de Freud acerca do indivíduo e da cultura, e sobre a releitura dos mesmos realizada por Marcuse, Pellegrino, Mezan e outros autores contemporâneos que nos trazem um olhar da Psicanálise e da Filosofia sobre o indivíduo e a cultura de hoje. Essas teorias nos colocam no centro da discussão acerca da articulação entre o desenvolvimento interno (psique) e externo (cultura) do indivíduo e da própria sociedade.

No terceiro capítulo, encaminho essa discussão para o indivíduo adolescente, buscando uma maior compreensão deste, desde o seu surgimento enquanto classe social, o papel que desempenha atualmente na sociedade e de como isso vem repercutindo na estruturação de sua personalidade e da constituição de seu próprio eu.

Após esses esclarecimentos, faz-se necessário um estudo acerca da Educação, e de uma educação para o adolescente. No quarto capítulo, discorro sobre as diferentes formas de educação e sobre qual seria o papel da família, da escola e demais instituições sociais. Apresento também a contribuição da Psicanálise sobre o ofício de educar, de suas possibilidades e limites.

Depois percorrer esses caminhos, chego às considerações finais com a esperança de poder compartilhar os conhecimentos que adquiri, e de ter contribuído, como diria o poeta Thiago de Melo: *senão com novos caminhos, ao menos com novas formas de caminhar.*

1
FENOMENOLOGIA DO COMPORTAMENTO ADOLESCENTE NO SÉCULO XXI: DESCALVADO EM DESTAQUE

O adolescente segundo o olhar da sociedade

> *Há dois anos a Febem em São Paulo não tinha menores infratores com 12 anos de idade. Hoje eles são dez. Foram internados por assalto à mão armada e posse de drogas, mas falam como crianças. "Tenho saudades da minha mãe", diz um deles. Levantamento feito pela Febem mostra que aumentaram nos últimos dois anos as internações de jovens infratores com pouca idade. O número de infratores de 13 anos de idade pulou de 28 para 69. Os internos de 14 anos eram 88 há dois anos, e são, hoje, 242.*
>
> *Jornal Nacional, 12 nov. 2003*

A notícia acima, veiculada pelo noticiário de maior audiência no país e com base nos dados levantados pela Fundação Estadual do Bem-estar do Menor (Febem) ilustra o olhar que a sociedade, de um modo geral, vem apresentando sobre o adolescente e o jovem de hoje. Não é nossa pretensão, nesta pesquisa, avaliar o caráter sensacionalista da mídia, ou mesmo sua influência sobre o rótulo do jovem (ainda que admitamos que ele exista), mas ilustrar, de forma provocadora as discussões que apresentaremos neste capítulo.

O fato é que nos últimos anos houve um aumento de incidentes envolvendo adolescentes com idade cada vez mais precoce, característica que já não é privilégio dos grandes centros urbanos. No entanto, ao nos aproximarmos das discussões acerca da questão percebemos que, na maioria das vezes, reforça-se a noção de que o adolescente é naturalmente rebelde e intransigente e, portanto, o maior responsável pelos problemas que envolvem violência e droga. Esse "rótulo" pode, de certa forma, prejudicar um olhar mais atento sobre os problemas que essa população vem enfrentando na atualidade, bem como sobre as intervenções pedagógicas e de saúde realizadas por diferentes instituições.

Pais e educadores partilham desta linha de pensamento: "Não posso com ele", "Ele não tem mais jeito", e verbalizam tais circunstâncias no cotidiano escolar e na Casa do Adolescente[1].

Os jovens vêm sendo estigmatizados como causadores de todos os males do século XXI: drogas, violência, promiscuidade e, até mesmo, por uma certa *apatia social:* uma falta de vontade de ser, de fazer, ou de atitudes que visem os interesses coletivos ou qualquer coisa que dê muito trabalho ou desgaste emocional.

O fato é que os adolescentes, em geral, estão expostos a muitos agravos inusitados, considerando-se que se encontram numa fase de transição biopsicossocial. No entanto, nas últimas décadas, a vulnerabilidade dessa classe vem aumentando consideravelmente.

Mas é preciso contextualizar os fenômenos sociais que estão sendo associados aos jovens – seja como desencadeadores, seja como vítimas – a fim de que se possa pensar em ações responsáveis (principalmente na questão da Educação), que contemplem seu pleno desenvolvimento individual e social.

Neste capítulo serão apresentados alguns dados que julgamos importantes para uma visão ampliada sobre a adolescência e a juventude, para demonstrar em seguida que, apesar das particularidades e dos recursos existentes em um município promissor e pacato do interior

---

1   Unidade de saúde inaugurada em 2005, no município de Descalvado, que atende crianças e adolescentes de 8 a 20 anos com diferentes atividades que serão apresentadas neste capítulo.

do estado de São Paulo, os reflexos sociais negativos são percebidos neste cenário e as formas de intervenção, até então acessíveis, acabam tornando-se anacrônicas, obsoletas e ineficazes.

Acho que ninguém gosta de mim, porque... Às vezes penso em ir embora, entendeu? Sem ninguém, sem pai, sem namorado, sem nada. (Pâmela[2], 14 anos)

Em um dos grupos realizados com adolescentes na Casa do Adolescente (unidade de saúde do município de Descalvado), Pâmela expõe seu sentimento de abandono e de autodesvalorização. A palavra e o sentimento de solidariedade começam a tomar corpo no grupo: as jovens sugerem a Pâmela que ela poderia encontrar apoio nas amigas, que o oferecem sempre que possível (na escola, por exemplo), funcionando, pelo visto, como a sustentação narcísica que lhe falta.

Esse relato demonstra também a falta do sentimento de pertencimento que os adolescentes vêm denunciando por meio, principalmente, de seus atos e suas atuações (acting outs).

Antes de apresentar dados a esse respeito, ou mesmo a leitura que vem sendo feita deles, farei uma caracterização do município de Descalvado, bem como da estrutura de serviços oferecidos à criança e ao adolescente. Apesar das peculiaridades de município de interior paulista, como, por exemplo, uma maior proximidade entre os habitantes e um ritmo de vida mais lento do que é percebido nas grandes cidades (trânsito, crescimento descontrolado do território urbano ocupado etc.), algumas preocupações nacionais (e até mesmo mundiais) são reproduzidas no município, especialmente nos aspectos referentes à adolescência e aos trabalhos educativos (e sociais) direcionados a esse público. O interesse desta pesquisa voltado para a adolescência e para a educação busca as similaridades e também as diferenças no entendimento e no desenvolvimento de ambos os temas nos cenários nacional e municipal (especificamente do município de Descalvado).

---

2   Os nomes de todos os adolescentes foram substituídos para evitar exposição dos mesmos, garantindo-lhes o anonimato.

O município de Descalvado começou a ser desbravado nos primórdios do século XIX por fazendeiros e seus escravos. Elevado à condição de vila em 22 de abril de 1865, o município passou a ocupar um lugar de destaque na cultura cafeeira, principalmente após a chegada da Companhia Paulista de Estradas de Ferro, em 1882. O papel que a região representava para a economia do Estado foi um dos fatores que mais contribuiu para o desenvolvimento do município, sobretudo com a chegada de imigrantes, em sua maioria de origem italiana.

O município está localizado na região do nordeste paulista, possui uma área de 743 km^3 e uma taxa de urbanização de 85,79 %, conforme a Fundação de Sistema Estadual de Análises de Dados (Seade).

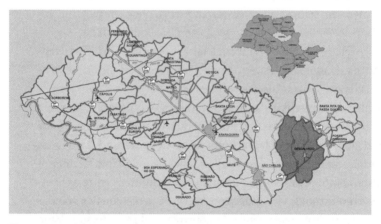

Figura 1 Mapa do município de Descalvado

Descalvado é um dos maiores municípios do estado de São Paulo em extensão territorial. Segundo o Atlas de Desenvolvimento Humano/PNUD (2000) conta com um IDH (Índice de Desenvolvimento Humano) de 0,82. Esse índice o coloca em 65º lugar no *ranking* municipal do estado de São Paulo, cujo IDH em 2000 apresentava um indicador de 0,81.

Segundo o IPRS (Índice Paulista de Responsabilidade Social), Descalvado encontra-se entre os municípios que possuem bons níveis de riqueza e patamares satisfatórios de longevidade e escolaridade (nas edições de 2000 e 2002). Este último apresentou uma evolução bastante significativa no período citado.

ADOLESCENTES E JOVENS... EM AÇÃO! 25

De acordo com o Índice Brasileiro de Geografia e Estatística (IBGE)[3], a população de Descalvado, contava em 2005 com uma população de 30.911 entre zona rural e urbana. A divisão por faixa etária está distribuída conforme tabela a seguir:

Faixa etária	Nº de habitantes	Porcentagem
menor de 1 ano	439	
de 1 a 4 anos	1.967	
de 5 a 9 anos	2.565	16,08
de 10 a 14 anos	2.920	9,45
de 15 a 19 anos	3.195	10,34
de 20 a 24 anos	2.716	8,79
de 25 a 29 anos	2.479	7,99
de 30 a 39 anos	4.688	15,17
de 40 a 49 anos	3.903	
de 50 a 59 anos	2.640	21,17
de 60 a 69 anos	1.859	
de 70 a 79 anos	1.119	
a partir de 80 anos	421	11,01
Total	30.911	100

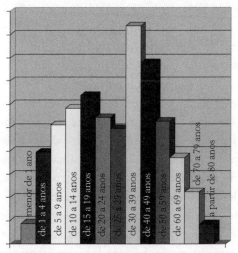

Figura 2 Dados demográficos (população) do município de Descalvado

---

3   Dados conforme censo demográfico e contagem populacional; estimativas preliminares dos totais populacionais pelo Ministério da Saúde SE/Datasus, 2005.

Como pode ser observado, a população adolescente, compreendida entre 10 e 19 anos, representa aproximadamente 20% da população. Se pensarmos numa expansão da adolescência, como relatado anteriormente, de forma que ela comece antes dos 10 e termine por volta dos 25 anos, esta passará a representar quase 30% do total da população do município. Há uma perspectiva de desaceleração de crescimento populacional na faixa de 0 a 14 anos, mantendo-se inalterada na faixa acima de 15 anos.

Cerca de 80% da população vive na zona urbana, restando 20% para zona rural. Houve um aumento nos últimos anos de 3,3 % na taxa de urbanização.

A população quanto à composição por sexo encontra-se praticamente equilibrada, porém, com discreto predomínio do sexo masculino.

Há um fluxo migratório no período de safra (colheita de cana-de-açúcar) da Usina Ipiranga de Açúcar e Álcool, uma vez que cerca de 300 trabalhadores vêm, inicialmente, sem a família (geralmente das regiões Norte e Nordeste). Esses trabalhadores são acomodados em alojamentos e atendidos por médico da própria empresa. No entanto, aqueles que vêm para trabalhar no campo, acabam utilizando-se dos serviços da cidade e, muitas vezes, acabam trazendo suas famílias para residir no município. Com a abertura de outras empresas, por exemplo, essa demanda tende a aumentar. A Fábrica de Chocolates instalada recentemente no município não utiliza mão-de-obra local, trazendo seus empregados da matriz situada em Belém do Pará. Esses trabalhadores também acabam trazendo suas famílias. Quando um trabalhador sazonal acaba se mudando com a família para o município, após a safra, com o desemprego, depara-se com problemas de exclusão social e choque cultural. Este, em algumas situações é notório, não somente pelas diferenças de costumes ou linguagem, mas também porque muitas famílias chegam sem noções básicas de higiene pessoal ou cuidados com os filhos. O hábito de origem de resolver problemas à base de violência (com facas, brigas, por exemplo) às vezes também é uma característica.

ADOLESCENTES E JOVENS... EM AÇÃO! 27

Ah eu fico chocada vendo essas coisas aqui em Descalvado, porque lá no Belém as pessoas são amigas, não é amiga? As pessoas quando a gente precisa das pessoas, dou a mão, dou o pé, dou tudo, sabe? Dô até o pescoço ele dá, se precisa de uma comida pra comê ele dá, lá não morre de fome não. Só se não tem né, é duro sabe por que no norte lá no topo e aqui no sudeste, o caso é assim. Eu já passei muita fome. É duro chega em casa e num tê nada pra comê. Não queiram saber o que é fome. É duro, é duro... (Ava, 20 anos)

Ava é uma adolescente que veio com a família que trabalha na Fábrica de Chocolate. Em seu relato expõe as dificuldades da vida no norte, e as dificuldades da vida no sudeste. No primeiro, ressalta a falta de oportunidades e condições de vida. No segundo, ressalta a questão do individualismo e a ausência de laços emocionais. Em muitos momentos, apesar da comodidade e da qualidade de vida que encontrou em Descalvado, onde "se tem e se consegue tudo", verbaliza a saudade da terra natal, onde, nas palavras de Ava, tinha-se mais "amor".

Apesar de Descalvado não ter favelas, apresenta bairros formados por casas populares, dois especificamente – o Jardim Albertina e o Morada do Sol – marcados pela formação de gangues e o surgimento de pontos de tráfico e prostituição. Cabe ressaltar que tanto o tráfico como a prostituição envolvem jovens e adolescentes e, em alguns casos, até crianças. Não se conhece, pelo menos oficialmente, se há agenciadores (adultos) desses jovens. Nas "casas" de prostituição ("oficiais"), pelo que se sabe, não há envolvimento de adolescentes. Essas casas encontram-se nos bares ou mesmo nas ruas, nas "rodinhas", nas praças, na escola.

A questão da prostituição, relatada freqüentemente pelos jovens nos grupos, parece também estar ligada a questões de autodesvalorização, que se sobrepõem à questão econômica. Os jovens relatam que algumas mães incentivam suas filhas a se prostituírem por dinheiro. No entanto, ao mesmo tempo em que as jovens narram essas situações, a concebem como "falta de vergonha na cara". Ou seja, para ser aceita na sociedade, para ser vista como "alguém", a pessoa precisa usar determinadas roupas, ter determinadas posses, inclusive culturais. Para se ter acesso a essas condições, é preciso utilizar-se dos meios existentes para aquisição financeira. O sentimento de vergonha ou o sentimento de culpa parecem estar vinculados ao papel que cada pessoa representa na sociedade. Na busca de ser (ter) o que a sociedade exige, as pessoas tornam-se o que a sociedade (supostamente) condena (por ex., vender seu corpo por dinheiro). Essas contradições são sentidas e faladas pelas jovens, sem que se dêem conta disso.

Quanto às condições de saneamento básico do município, apresentamos a seguir a tabela de dados, conforme dados do Seade (2000), bem como da região e estado em que o município está inserido:

Indicador	Descalvado	Região de Araraquara	Estado de São Paulo
Abastecimento de água (nível de atendimento em %)	99,47	99,59	97,38
Esgoto sanitário (nível de atendimento (em %)	99,18	98,53	85,72
Coleta de lixo (nível de atendimento em %)	99,51	99,46	98,90

Figura 3 Situação de saneamento básico no município de Descalvado

Os dados demonstram que o município apresenta um bom desempenho quanto à garantia das condições básicas de saneamento básico, de higiene e de saúde.

A economia do município baseia-se nas atividades rurais: avicultura, extração mineral e agricultura. A produção agrícola do município é composta principalmente pelo cultivo da cana-de-açúcar, citricultura e milho. No setor pecuário, predomina a avicultura de corte, bovinocultura de leite e de corte, suínos e eqüinos. O município, que já era conhecido como a capital do frango de corte (de granjas independentes), passou a ser também a nova capital do leite do estado paulista.

Em função da grande extensão territorial e da pequena quantidade de indústrias, Descalvado possui grande número de trabalhadores autônomos (mecânicos, pedreiros, comerciantes), lavradores e, em menor número, operários, o que nos faz concluir que o município caracteriza-se de um lado por uma classe média, e de outro, por um grande número de trabalhadores rurais marginalizados socialmente. O rendimento médio das pessoas responsáveis pelos domicílios (em reais em julho de

ADOLESCENTES E JOVENS... EM AÇÃO! 29

2000), segundo o Seade era de R$ 780,78. Este indicador social era de R$ 912,84 para a região de Araraquara, e de R$ 1.076,24 para o estado de São Paulo. Em 2003, o Seade registrou 6.574 trabalhadores formais em 847 estabelecimentos (indústria, comércio e outros).

Do total da estimativa populacional, foram identificadas 10% de pessoas consideradas pobres. A população que recebe menos de meio salário mínimo *per capita* é considerada abaixo da linha da pobreza. No município essa população representa 3,6% do total, conforme fontes do IBGE.

Com uma escola estadual de Ensino Médio que atende cerca de dois mil alunos, oito escolas de Ensino Fundamental Municipais (quatro delas atendendo segundo ciclo), uma escola de Ensino Fundamental sustentada por empresas privadas (Sesi), uma escola particular, que atende desde Educação Infantil até Ensino Médio, e uma Universidade particular, o município ainda enfrenta dificuldades de atendimento à demanda por vagas no Ensino Médio, embora se observe ainda grande evasão escolar.

A Educação Municipal é composta por oito escolas de Educação Infantil, quatro escolas de Ensino Fundamental para 1° ciclo, uma escola de Ensino Fundamental de 1° e 2° ciclos e três escolas de Ensino Fundamental de 2° ciclo. Possui também uma oficina pedagógica e um projeto de auxílio às crianças e adolescentes com dificuldades na alfabetização e aprendizagem (Alfa – Alfabetização por meio do Lúdico, Físico e Artístico). A rede municipal de educação oferece também atendimento em creches para crianças de 6 meses a 9 anos, sendo três para o município. O município ainda conta com uma escola estadual que oferece o 2° ciclo do Ensino Fundamental e o Ensino Médio. Essa escola também disponibiliza cursos de EJA (Educação de Jovens e Adultos) e telecurso. O setor privado conta com uma escola que oferece do Ensino Fundamental ao Médio; uma escola Técnica (com cursos profissionalizantes); duas escolas de Educação Infantil e uma escola para Ensino Médio e cursos pré-vestibulares. O município ainda conta com uma creche mantida por uma organização não governamental.

A taxa de alfabetização do município segundo o IBGE (2000) é de 92,6%. O Seade apresenta uma taxa de analfabetismo de 8,16% para o município, de 7% para a região de Araraquara e de 6,64% para o estado

30 MÁRCIA APARECIDA BERTOLUCCI PRATTA

de São Paulo. Percebe-se que apesar de não haver falta de oferta de vagas, a taxa de analfabetismo ainda é superior à do estado.

É, doze, treze anos, vai, vai pra escola, não vai filha, desvia o caminho prá praça, mãe pensa, iludi, tadinha né, tadinha..., lá na casa, enforca aula tudo, a pobre tá lá em casa fazendo comida prá filha e a filha tá aí, sabe e hoje em dia a regra hoje em dia é muito valorizada, sabe, Márcia, tende a pensar as coisas, tende a raciocina, e não é muito valorizada, sabe, a pessoa para prá pensar hoje em dia e fica assim parada e não faz nada, nenhuma ação e essas coisas se não raciocina nunca vai pensá, o povo nunca vai melhora, não melhora não. (Ava, 20 anos)

Essa é uma fala freqüente entre os jovens que denuncia a posição contraditória da educação em suas vidas, uma vez que eles valorizam e vêem nela uma promessa de melhoria da vida do povo, mas, ao mesmo tempo, desvalorizam-na quando considerada, de modo palpável, como estratégia de valorização pessoal.

O município possui baixa mortalidade infantil (coeficiente de aproximadamente 10 em 2004). A primeira causa de morbimortalidade está relacionada a doenças cardiovasculares, a exemplo de todo o país, seguido das neoplasias. Os indicadores de saúde do município têm demonstrado condições de saúde satisfatórias.

Abaixo, destacamos alguns dados ilustrativos da situação de saúde de Descalvado quanto à população infantil e adolescente.

Indicador	Ano	Descalvado	Região de Araraquara	Estado de São Paulo
Natalidade (por mil habitantes)	2004	12,79	13,79	15,94
Mortalidade infantil (por mil nascidos vivos)	2004	10,34	10,25	14,25
Mortalidade geral (por mil habitantes)	2004	6,41	6,22	6,18
Mortalidade por agressões (por cem mil habitantes)	2004	13,22	10,33	28,40
Mortalidade por acidentes de transporte (por cem mil habitantes)	2004	9,92	14,14	17,36

Figura 4 Indicadores de saúde do município de Descalvado

ADOLESCENTES E JOVENS... EM AÇÃO! 31

O coeficiente de gravidez precoce foi de cerca de 27% em 2004, considerado um índice alto, apesar de estar na média de toda a região. Percebe-se que esse índice é predominantemente composto por pacientes do Sistema Único de Saúde (SUS), o que nos permite inferir que a população feminina mais carente acaba engravidando mais cedo. Também se observa um aumento na incidência de abortos, doenças sexualmente transmissíveis, violência, dentre outros, na população adolescente e jovem do município, além das situações de toxicomania e de distúrbios de comportamento.

Uma pesquisa realizada pela Organização das Nações Unidas para a Educação, Ciência e a Cultura (Unesco), com cinqüenta mil estudantes brasileiros do Ensino Fundamental e do Ensino Médio mostrou que 34,8% deles tomam bebidas alcoólicas. Essa porcentagem representa um contingente de 17,4 milhões de jovens. A idade média para início de consumo de bebidas alcoólicas caiu para 10 anos. Há dez anos, a média era de 14 anos. Segundo o Cebrid, 5,2% dos adolescentes entre 12 e 17 anos já são dependentes de álcool.

Ainda segundo a Unesco existem 11,8 milhões de pessoas entre 14 e 24 anos com Aids em todo o mundo. Se for levada em consideração a população portadora do vírus HIV, esse número deverá elevar-se consideravelmente. Estudos da Coordenação Nacional de DST e Aids demonstram que três milhões de mulheres dão à luz anualmente. No ano de 1999, cerca de 13 mil gestantes entre 15 e 49 anos estavam contaminadas pelo HIV. De acordo com o Governo Federal, 20% da população brasileira é formada por crianças e adolescentes entre 10 e 19 anos de idade. Setenta por cento dos casos de Aids hoje existentes no país atingem uma parcela da população entre 20 e 39 anos, da qual a grande maioria contraiu o vírus na adolescência. A transmissão sexual é a maior causa de contaminação do vírus, sendo responsável por 57,8% das contaminações entre 1980 e 2003 de pessoas do sexo masculino, e 86,9% de pessoas do sexo feminino.

Quanto à gravidez precoce, a Unesco aponta que uma em cada dez meninas engravidam com menos de 15 anos no Brasil. Apesar desse índice ainda ser considerado alto, a Secretaria Estadual da Saúde aponta queda nos casos de gravidez na adolescência em São Paulo. Em

2004, 106.737 mulheres menores de 20 anos ficaram grávidas, contra 148.019 em 1998.

O Sistema Municipal de Saúde do Município de Descalvado é composto de:

- 1 secretaria da saúde
- Unidades básicas de saúde:
  - 1 centro de saúde municipalizado.
  - 1 centro odontológico municipal, que conta também com consultórios descentralizados, localizados nas escolas municipais de Ensino Fundamental (1° ciclo) e 1 centro cultural, totalizando 11 consultórios odontológicos.
  - 1 Pacs (Programa de Agente Comunitário de Saúde) vinculado ao centro de saúde.
  - 1 vigilância epidemiológica, que engloba a equipe de controle de vetores, também vinculada ao centro de saúde.
  - 4 unidades de PSF (Programa de Saúde da Família).
  - 1 vigilância sanitária.
  - 1 casa do adolescente.
- Unidades de referência e de média complexidade:
  1 pronto-socorro municipal.
  1 centro de especialidades
  1 ambulatório de saúde mental.
  1 setor de reabilitação e fisioterapia.
  1 setor de agendamento, assistência social e fonoaudiologia.

Como diretora da Divisão de Assistência Médica, temos acesso a questões epidemiológicas específicas. Por exemplo, a partir de contatos estabelecidos com as unidades de PSF, localizadas nas quatro extremidades da cidade, constatamos que uma das maiores dificuldades da equipe é traçar estratégias de enfrentamento e prevenção às questões que envolvem os adolescentes, tais como: droga, participação no programa de planejamento familiar, prostituição, gravidez precoce, entre outros. Entre os relatos obtidos em reuniões de trabalho, destacavam-se questões sobre as chamadas famílias "desestruturadas". Na fala dos

ADOLESCENTES E JOVENS... EM AÇÃO! 33

profissionais essas famílias apresentam uma característica até cíclica, ou seja, os filhos já estão constituindo outras famílias, com as mesmas características "patológicas" das quais são provenientes. Entenda-se aqui não necessariamente a existência de preconceitos, mas talvez de racionalizações construídas pelos profissionais como recurso utilizado para justificar suas próprias dificuldades em enfrentar esses problemas.

No ambulatório de saúde mental, além do atendimento clássico, são desenvolvidos alguns projetos sociais. Um dos projetos levados adiante pela equipe leva o título: "Saúde Mental e Processo Educativo: Diálogos de Prevenção". Esse projeto partiu da necessidade de orientação e atenção aos professores da rede municipal de ensino, uma vez que os encaminhamentos de crianças e adolescentes ao ambulatório estavam apresentando um aumento considerável e, na maioria das vezes, não haviam patologias instauradas, mas uma falta de orientação e preparo, seja para pais, seja para educadores acerca do desenvolvimento da criança e sobre o próprio processo educativo que ele contempla. Também se observou o aumento de encaminhamentos de crianças cada vez mais novas, com queixas relativas à sexualidade (masturbação e cenas de ato sexual representadas por crianças na creche) e à dificuldade de aprendizagem. Diante desse quadro, a equipe de Saúde Mental, sob nossa coordenação, e a equipe dos Dirigentes da Educação elaboraram um projeto de ação. No desenvolvimento do projeto, a equipe de Saúde Mental elaborou relatório em que um dos principais problemas detectados pela equipe dizia respeito à falta de preparo do educador, que apresentava uma fragilidade no exercício de seu papel social e de sua identidade enquanto educador. No relato de um dirigente da Secretaria de Educação, este apontou um grande aumento nas licenças-saúde por parte dos professores de alunos do 2° ciclo do Ensino Fundamental (de 5ª à 8ª série), pela dificuldade no trato com os adolescentes.

A Casa do Adolescente, cujo histórico consta da introdução deste trabalho, conta atualmente com: uma médica ginecologista/obstetra, um médico urologista, um terapeuta ocupacional, uma psicóloga, um auxiliar de enfermagem e duas estagiárias do curso de Pedagogia, além de voluntários e parceiros, como a Universidade Camilo Castelo Branco (Unicastelo), que desenvolve trabalhos de estágio, pesquisa e extensão.

Dentre os trabalhos que a unidade desenvolve, citamos os seguintes:

- Programa de Acompanhamento das Medidas Socioeducativas em Meio Aberto: PSC (Prestação de Serviços à Comunidade) e LA (Liberdade Assistida), com parceira da Secretaria Municipal de Assistência e Promoção Social;
- Consultas médicas, solicitação de exames complementares, papanicolau, pré-natal, entre outros;
- Atividades em grupo;
- Terapia em grupo;
- Atividades esportivas e lúdicas: expressão corporal, dança, filmes, desenho etc.;
- Grupos de orientação: adolescentes e pais;
- Grupo de pais;
- Fisioterapia preventiva, inglês, cursos profissionalizantes, entre outros;
- Projetos específicos: Formação de Adolescentes Multiplicadores.

A Unidade é aberta a todos os adolescentes, independente de contexto socioeconômico ou comportamento dos mesmos.

O quadro a seguir demonstra como estão organizadas as Políticas Públicas e a Rede de Atendimento ao Adolescente (e à Criança) no município de Descalvado:

Rede de Proteção Social Privada da Área da Assistência e Desenvolvimento Social			
Nome da unidade executora	Público-alvo	Nº de pessoas atendidas	Observação
Darevi – Descalvado Ajudando na Recuperação da Vida (ONG)	Jovens e adultos de 25 a 59 anos	35	Casa de Recuperação de Dependência Química
Grupo de Fraternidade "Pai Jacob" (Entidade filantrópica)	Crianças de 0 a 6 anos Crianças e adolescentes de 7 a 14 anos Adolescentes de 15 a 17 anos	24	

ADOLESCENTES E JOVENS... EM AÇÃO! 35

Lar Escola Imaculada Conceição (Entidade Filantrópica)	Crianças de 0 a 6 anos Crianças e adolescentes de 7 a 14 anos Adolescentes de 15 a 17 anos	70	
União Descalvadense de Obras Sociais-Unidos (ONG)	Crianças de 0 a 6 anos Crianças e adolescentes de 7 a 14 anos	311	
Unidos (ONG)	Crianças e adolescentes de 7 a 14 anos	60	
Rede de Atenção à Saúde da Criança			
Saúde do Escolar	Crianças e adolescentes de 7 a 17 anos		Conforme programação e temas específicos (saúde bucal, saúde ocular, sexualidade etc.)
Casa do Adolescente	Crianças e adolescentes de 8 a 20 anos	300 (semanalmente)	Atividades diversas: atividades manuais, expressão corporal, fisioterapia, terapia ocupacional, atendimento médico e psicológico, dentre outros.
Saúde Bucal	De 0 a 15 anos		Após a avaliação inicial, os procedimentos são realizados conforme demanda. Também são realizadas ações preventivas.
PSF (Programa Saúde da Família)		50% das famílias do município	
Pacs (Programa de Agente Comunitário de Saúde)		5% das famílias do município	

Educação			
Projeto Criança	De 7 a 15 anos	1.200 alunos matriculados, atendidos duas ou três vezes por semana (cerca de 500 diariamente)	Modalidades de atividades oferecidas: atletismo, futebol, futsal, tênis, tênis de mesa, ginástica artística, jazz, basquetebol, voleibol, handebol, natação e iniciação desportiva.
Projeto Alfa (Alfabetização por meio do lúdico, físico e artístico)	De 7 a 14 anos	70 alunos	Direcionado a alunos com grande dificuldade de aprendizagem.

Projetos Sociais (Secretaria Municipal de Assistência e Promoção Social)	
Programa	Número mensal de beneficiários
Agente Jovem	30
PET (Programa de Erradicação do Trabalho Infantil)	60
Bolsa Família (incluindo bolsa alimentação e bolsa escola)	60

Figura 5 Rede de Atendimento ao Adolescente (e à Criança) em Descalvado
Fonte: Secretarias Municipais de Assistência e Promoção Social; Educação, Esporte, Cultura e Turismo e Saúde

Nesse relatório, os dados restringiram-se às ações direcionadas à criança (acima de 7 anos) e ao adolescente. Na área da saúde não foram relacionados subprogramas como: Detecção de Doença Falciforme, Doenças Respiratórias na Infância, projetos específicos desenvolvidos por cada escola (reciclagem, filosofia etc.), entre outros.

Como pode ser observado, o município conta com uma rede social ampla (e aqui incluo as ações de educação e saúde), bem equipada, com grande quantidade de brinquedos e materiais lúdico/pedagógico em todos os locais públicos que atendem crianças e adolescentes. A maioria das escolas possui sala de informática, e todas possuem bibliotecas com acervo satisfatório. As escolas municipais também possuem assinatura de TV fechada e quadras esportivas cobertas. As quadras das escolas são utilizadas pela comunidade no período noturno e aos finais de semana.

A Secretaria de Assistência e Promoção Social estabeleceu com outros níveis de governo (estadual e federal) todos os convênios oferecidos (bolsa família, renda cidadã etc.).

ADOLESCENTES E JOVENS... EM AÇÃO! 37

A Secretaria de Saúde promove campanhas periódicas (carnaval, Dia Mundial de Combate à Aids etc.), além de trabalhos educativos com educadores e pais (saúde mental), palestras nas escolas (sexualidade, saúde coletiva), além de projetos de férias e atividades com mães (grupos de atividades lúdicas).

O município possui também outras iniciativas como grupo de teatro, capoeira e dança de rua.

Apesar desse contexto, há pouca participação nas iniciativas relatadas acima; além disso, os problemas educacionais e os indicadores de saúde, embora apresentem dados satisfatórios, refletem o panorama do país.

Este panorama também apresenta um alto grau de violência entre os jovens, o qual passaremos a analisar nesse momento, seja no país, seja no município de Descalvado.

Segundo o Instituto Brasileiro de Geografia e Estatística (IBGE), a maior causa de óbito nas pessoas do sexo masculino, no Brasil, no ano de 2000, foi o homicídio. Isso se deu principalmente na população entre 15 e 24 anos.

O Ministério da Saúde, por meio de dados coletados no Sistema de Informação de Mortalidade (SIM), mostra que vem ocorrendo um aumento nos óbitos por violência, sobretudo entre a população jovem entre 15 e 24 anos – umas das chamadas causas externas. De 1980 a 2000, dos óbitos por violência, 82,2% foram de pessoas do sexo masculino. No entanto, na década de 1980, o motivo principal era o acidente de trânsito, enquanto na década de 1990, o homicídio começa a ganhar destaque.

Segundo o IBGE, de acordo com os dados coletados na pesquisa realizada em 2002, o aumento de mortes por causas externas (acidentes ou movidos pela violência urbana) foi notadamente entre os jovens. Em 2002, as mortes por causas externas foram responsáveis por 70,67% dos óbitos de rapazes entre 15 e 24 anos. De 1990 a 2002, houve um crescimento de 17,2% de óbitos entre os rapazes e 20,8% entre as mulheres da mesma faixa etária.

Conforme a Síntese de Indicadores Sociais/2003 do IBGE, em 2000, a taxa de mortalidade por homicídio era de 27 óbitos para cada cem mil habitantes. Quando os dados computados são somente do sexo masculino, a taxa apresenta uma média de 49,7 óbitos para cada cem mil habitantes no mesmo ano.

Especificando ainda mais, percebe-se que na faixa dos 15 a 24 anos de idade o índice aumenta a níveis alarmantes, chegando a 205 (para cada 100 mil) no Rio de Janeiro, ou ainda 198 em Pernambuco, sendo que a maioria dos óbitos por homicídios no país (68%) teve relação com o uso de armas de fogo (IBGE, Síntese de Indicadores Sociais, 2003).

Em 2004, a publicação da Síntese de Indicadores Sociais ratifica a tendência já apontada no ano anterior. Entre as causas externas de morte, o documento destaca acidentes de trânsito, afogamentos, suicídios, homicídios, quedas acidentais.

O quadro abaixo apresenta um demonstrativo das causas de mortalidade entre jovens do sexo masculino e do sexo feminino.

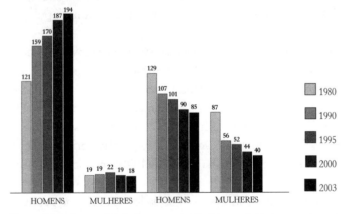

Figura 6 Taxa de mortalidade de pessoas de 20 a 24 anos de idade, segundo a natureza do óbito ocorrido e registrado no Brasil nos anos 1980-2003 (por cem mil habitantes)
Fonte: IBGE, 2003.

Dentre os países sul-americanos, o Brasil ocupa a segunda posição em mortes por homicídios. No Sudeste, em 1996, mais de dois terços das mortes de jovens aconteceram por causas externas (acidentes e homicídios). Os homicídios foram a causa de 65 óbitos a cada cem mil jovens, atingindo 12 vezes mais o sexo masculino.

No estado do Rio de Janeiro, a situação no mesmo ano, foi ainda mais alarmante, 80% das mortes de jovens foram causadas por acidentes e violência.

Pode-se perceber que o jovem é uma grande vítima da violência em nosso país.

Passemos a analisar agora os dados relativos à realização de atos infracionais por estes adolescentes.

O Instituto de Pesquisa Econômica Aplicada (Ipea) realizou pesquisa acerca do perfil do adolescente que cumpre medida de privação de liberdade[4] no Brasil. A partir dos dados acerca dos delitos cometidos (e sua gravidade), levantados no período de setembro a outubro de 2002, pode-se constatar que o roubo representou aproximadamente 41,2% do total de delitos praticados por adolescentes que cumpriam medida socioeducativa de internação, enquanto o homicídio representou aproximadamente 14,7% dos delitos.

A pesquisa revelou, ainda, que o estado de São Paulo responde sozinho por 58,44% dos crimes de roubo e por 25,37% dos crimes de homicídio que levaram à privação de liberdade de adolescentes no país.

Vale ressaltar que a pesquisa é relativa aos adolescentes internados e, portanto, os tipos de atos infracionais são naturalmente mais graves uma vez que culminaram na indicação da medida mais rígida.

---

4   Apresentamos aqui alguns conceitos que utilizaremos durante o corpo da pesquisa com o intuito de proporcionar ao leitor o maior entendimento das idéias que pretendemos discutir. Para tanto, utilizamos a Lei n° 8.060, de 13 de julho de 1990, Brasília - DF, que regulamenta o Estatuto da Criança e do Adolescente. Segundo o Estatuto, as medidas socioeducativas são medidas de proteção ou da prática do ato infracional. Neste último caso, as medidas socioeducativas podem ser conforme o Art. 112 da Lei n° 8060: "I – advertência; II – obrigação de reparar o dano; III- prestação de serviços à comunidade; IV- liberdade assistida; V – inserção em regime de semiliberdade; VI – internação em estabelecimento educacional e VII – qualquer uma das previstas no art. 101, I e VI". Com relação ao ato infracional, a redação do ECA diz: "Art. 103. Considera-se ato infracional a conduta descrita como crime ou contravenção penal."

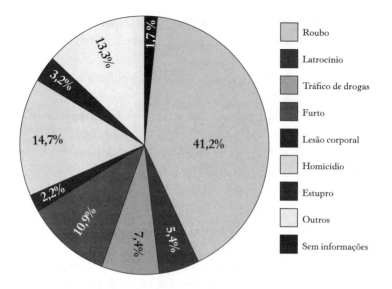

Figura 7 Internação de adolescentes segundo os principais delitos praticados no Brasil (2002)

Fonte IPEA/MD/DCA (set. /out. 2002)

O Instituto Latino Americano das Nações Unidas para Prevenção do Delito e Tratamento do Delinqüente (Ilanud) realizou pesquisa entre junho de 2000 e abril de 2001 com 2.100 adolescentes acusados da prática de ato infracional na capital de São Paulo. Essa pesquisa utilizou uma amostra de adolescentes acusados da prática de ato infracional, ou seja, ainda não sentenciados, possibilitando traçar um perfil mais realista do adolescente em conflito com a lei. Nessa pesquisa, apenas 1,4% eram acusados da prática de homicídio, contra 14,7% encontrados na pesquisa citada anteriormente.

Conforme dados do Censo 2000 do IBGE, a população entre 12 e 18 anos de idade representa 15% do total da população do país. Dentre estes, segundo o próprio IBGE e a Subsecretaria da Promoção dos Direitos da Criança e do Adolescente, 0,1583% é composta por adolescentes em conflito com a lei. Ou seja, menos de 0,2% de toda a população adolescente do país é responsável pela prática de atos infracionais.

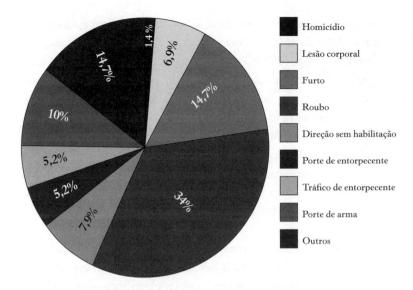

Figura 8 Ato infracional atribuído ao adolescente (2001)

Os índices oficiais da Coordenadoria de Análise e Planejamento da Secretaria de Segurança Pública de São Paulo (CAP) demonstram que, no período de janeiro a outubro de 2003, os adolescentes até 18 anos foram autores de apenas 0,97% dos homicídios dolosos em todo o estado de São Paulo. Em 2002, esse índice era de 0,9% e em 2001, de 0,8%. Desta forma, pode-se constatar que não houve grandes oscilações.

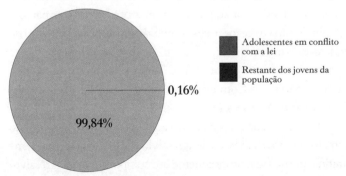

Figura 9 Comparação da população de adolescentes* em conflito com a lei e o total da população entre 12 e 18 anos no Brasil (2004)

* Segundo Censo 2000. Fonte: Subsecretaria da Promoção dos Direitos da Criança e do Adolescente (jan./04)

De acordo com os dados obtidos, os delitos mais praticados foram roubo (34%), furto (15%), lesão corporal (7%), tráfico de drogas (5 %) e porte de drogas (5%). Somando as ocorrências de tráfico e porte de drogas, totalizam 10% do total, atingindo, portanto, a terceira menor causa pelo ingresso dos adolescentes no Sistema de Justiça paulista.

Dentre as causas da "distorção" acerca da imagem do adolescente, destaca-se o papel da imprensa. O Ilanud analisou, entre os dias 2 e 8 de agosto de 1998, as programações de 27 telejornais exibidos por sete emissoras de canal aberto existentes no Brasil. Concluiu que havia uma distorção entre a prática de crimes e sua divulgação pela mídia: no período em que o homicídio foi veiculado por 59% das notícias, sua incidência foi de apenas 1,7%.

Conforme dados fornecidos pela Segunda Vara da Comarca de Descalvado/SP – Seção da Infância e da Juventude, colhidos em pesquisa efetuada nas execuções de sentença em andamento, existem 49 execuções em andamento, das quais 23 são decorrentes de atos infracionais tipificados como furto (47% das execuções).

A medida socioeducativa mais aplicada é a de Prestação de Serviços à Comunidade (PSC), que representa 92% das medidas aplicadas. Atualmente, existem apenas duas medidas de Liberdade Assistida (LA) e uma internação na Febem de Araraquara.

A medida socioeducativa de advertência tem sido aplicada cumulativamente à de Prestação de Serviços à Comunidade com uma audiência de advertência ao adolescente, à qual deve comparecer acompanhado de seus respectivos responsáveis ainda no processo de apuração do ato infracional.

A remissão, sempre que aplicada, vem sendo acompanhada de Prestação de Serviços à Comunidade. A faixa etária dos adolescentes infratores varia de 15 a 18 anos.

No entanto, para nossa pesquisa, a adolescência tem manifestado não somente comportamentos de agressividade e violência, mas também (ainda que não seja propriamente um comportamento agressivo) a recusa do pensamento, dificuldades de relacionamentos, anorexia, bulimia, compras patológicas, situações de alta periculosidade. Ainda que esses comportamentos sejam discutidos por alguns autores como

ADOLESCENTES E JOVENS... EM AÇÃO! 43

"normais" para este momento do crescimento, o que se percebe é uma exacerbação desses comportamentos e uma dificuldade de elaboração, conseqüentemente de constituição da identidade por parte desses jovens, como bem acentua Oliveira (1984) em sua pesquisa.

Procurei, durante o trabalho de pesquisa, tomar conhecimento da produção científica cujos temas pudessem contribuir para as discussões que eu pretendia aprofundar. Pude observar um aspecto que pareceu consenso entre as pesquisas: a questão de rotulação do adolescente. Utilizaremos uma passagem da pesquisa de Santos (2003, p.63) que exemplifica de forma objetiva esta situação:

> Por meio do rótulo "infrator" mistifica-se o adolescente que passa a ser uma categoria específica dentro de sistemas formais ou informais, reforçando a legitimação de práticas, engrossando diversas estatísticas, e, neste mundo pós-moderno, confinando-o a não lugares.

E ainda, outra passagem de Souza (2003, p.67), quando este traz a questão dos

> (...) profissionais da saúde e da educação, impregnados de representações em que são associados pobreza, adolescência, incompetência e delinqüência, apresentam atitudes pautadas nestes estereótipos, culpabilizando crianças, adolescentes e suas famílias, por suas mazelas.

Abordagens ligadas à violência, indisciplina e "situação de rua" parecem estar na vanguarda da produção científica atual que envolve o tema adolescência. Pôde-se perceber também uma tendência crescente dos estudos acerca de jovens atendidos pela Febem (seja em meio aberto ou privação de liberdade). Pereira (2002) também apresenta posição semelhante quando afirma que com a prevalência da noção de que os jovens que cometem atos infracionais entram (e geralmente permanecem) na vida do crime por que querem, dificulta a busca de perspectivas de mudanças para o fim da violência.

Noções como distúrbio de comportamento, indisciplina, e até mesmo determinados comportamentos sexuais ("ficar") presentes nos estudos, acabam apresentando resultados semelhantes aos da citação acima, ou seja, apontando para a impossibilidade da sociedade em geral

44 MÁRCIA APARECIDA BERTOLUCCI PRATTA

entender e lidar com sua própria produção cultural, fazendo com que os adolescentes ajam a partir dos estereótipos sociais, e impossibilitando-os de construírem uma identidade subjetiva não homogeneizada por essa mesma sociedade que proclama uma pretensa democratização de direitos. Isso se deve, por exemplo, conforme a observação de alguns autores, pela carência na formação de professores que contemple o desenvolvimento psicológico do adolescente (Almeida, 1999); pelos aspectos contidos no conteúdo, na metodologia, nas relações inter-pessoais, na auto-estima e no autoconhecimento dos professores que influenciam na indisciplina (Alves, 2002); pela necessidade e, ao mesmo tempo, dificuldade de integração das políticas públicas educacionais às de saúde, assistência social, esporte, cultura e lazer que favoreçam o desenvolvimento das crianças e adolescentes (Libório, 2002).

Outro dado relevante foi quanto à presença do uso de drogas citados em todas as pesquisas, seja pelos pais de adolescentes, pelos próprios adolescentes dentro e fora da Febem. A questão das drogas parece permear as histórias desses adolescentes "excluídos".

No tocante à família, Ruiz (2003, p.47-8) traz a denominação de "pais tóxicos" para aqueles que acabam sendo prejudiciais para os próprios filhos, e propõe um dos caminhos para se pensar a violência psicológica impingida aos filhos:

> violência psicológica na medida em que explicita o uso que os pais podem fazer de seus filhos: um meio para a realização de seus próprios desejos. E, assim como Narciso tornou-se prisioneiro de sua imagem, os filhos tornam-se prisioneiros do olhar de seus pais.

Pereira (2002) traz a questão da violência urbana como um assunto complexo que vem fazendo parte do cotidiano de nossa sociedade e incidindo principalmente sobre os adolescentes que praticam atos infracionais. A autora aponta a necessidade de se conhecer as múltiplas visões da violência, que são, muitas vezes, reduzidas a explicações causais. Ao mesmo tempo em que os adolescentes são autores, tam-bém são vítimas da violência, e o maior risco que julgam correr é o de serem mortos por adolescentes rivais e pela polícia. Os confrontos com adolescentes rivais acontecem entre moradores de bairros que já possuem rivalidades entre si, em que o sentimento de pertencer a um grupo, implica necessariamente opor-se a outros. As brigas que se iniciam nas ruas podem se estender para a Febem quando dois rivais se encontram na internação, resolvendo suas rivalidades com perseguição e tiros. Os adolescentes sentem que o risco de morrer durante uma perseguição policial é grande. A polícia parece recorrer a meios legais e ilegais para prender adolescentes suspeitos de cometerem atos infracionais, chegando até a perseguir inocentes. Diante desse risco de morte, os adolescentes relatam que não pretendiam voltar a infracionar após o cumprimento da medida. Os jovens destacam a mudança de cidade e o trabalho como caminhos possíveis para abandonar o crime. A autora aponta que ao conhecermos os motivos que levaram os jovens a praticarem atos infracionais poderemos propor ações mais eficazes para a prevenção da violência e para a reinserção social desses jovens.

Alguns dados ainda estão sendo levantados, para que tenhamos um parâmetro com relação ao interior paulista, e ao próprio município estudado. No entanto, percebe-se que o comportamento adolescente parece estar sendo guiado por rótulos determinados pela própria sociedade, sem que se tenha detectado uma especificidade da situação verificada em Descalvado.

Atrás desses números amontoam-se diferentes rostos e expressões que, apesar da sedução do poder da violência, parecem somente desejar um lugar de pertencimento.

> Será que ninguém vê o caos em que vivemos
> Os jovens são tão jovens e fica tudo por isso mesmo
> A juventude é rica, a juventude é pobre
> A juventude sofre e ninguém parece perceber (...)
> A juventude está sozinha
> Não há ninguém para ajudar
> A explicar porque é que o mundo
> É este desastre que aí está
>
> *Aloha*, Legião Urbana[5]

---

5   Música composta e cantada pelo grupo brasileiro de rock Legião Urbana, cuja característica é denunciar problemas sociais por meio da letra de suas músicas.

A letra da música retrata o que vimos tentando demonstrar: uma situação de estranheza e falta de acolhimento do jovem por parte da sociedade em geral que vem provocando danos à constituição do sujeito hoje.

Atualmente, seja pela pressão existente para a implantação de políticas públicas formuladas em nível federal, seja pela pressão popular que reivindica solução para problemas como consumo de drogas e violência, estão sendo discutidos e implementados ações e programas voltados para a infância e a adolescência. Há tentativas de inter-relacionar no município de Descalvado, por exemplo, diferentes segmentos como Saúde, Educação e Promoção Social, com o intuito de otimizar as ações e possibilitar melhores resultados.

No entanto, vemos a necessidade de maior entendimento sobre a natureza psíquica e social, ou seja, um aprofundamento na fundamentação teórica que possa nos fornecer condições para ampliar o olhar sobre o próprio indivíduo e sua relação com o meio social contemporâneo, de forma a instrumentalizar a busca de possíveis intervenções mais eficazes. Para atender a esses questionamentos, recorreremos aos pressupostos da Psicanálise, para pensar a relação entre o indivíduo e sua cultura, e depois sobre o adolescente.

2
Indivíduo e cultura

*Chega a hora em que cada um de nós tem de aban-
donar, como sendo ilusões, as esperanças que, na
juventude, depositou em seus semelhantes, e aprende
quanta dificuldade e sofrimento foram acrescentados
à sua vida pela má vontade deles.*

Freud, 1929

Como ousar pesquisar sobre adolescência em uma época que
parece contribuir para que essa fase da vida continue enigmática? De
quais lentes poderíamos apropriar-nos para entender os conceitos e
contornos de uma Educação para além dos muros da escola? Como
escolher um recorte que possibilite uma interface entre adolescência
e educação em um cenário social complexo, difuso e contraditório,
como o que nos apresenta o recém iniciado século XXI? Desafios que
nos fizeram buscar diferentes caminhos e realizar diversas escolhas
em busca do entendimento da gênese de alguns comportamentos e
situações enfrentadas hoje por educadores e profissionais de saúde.

Desta forma, antes de pensar na adolescência, optamos por entender primeiro a noção de indivíduo, como se desenvolve historicamente
e como se configura na sociedade atual.

Nesse sentido, em busca de uma interface entre adolescência e
educação, impõe-se a necessidade de ampliação, ou até mesmo de

48 MÁRCIA APARECIDA BERTOLUCCI PRATTA

esclarecimento sobre os conceitos de cultura e de indivíduo, segundo os quais se pretende fundamentar o presente trabalho.

Realizamos uma revisão bibliográfica e percebemos na produção científica que são muitas as pesquisas acerca do tema adolescência e educação; no entanto, percebe-se uma ênfase teórica, ora no âmbito individual (psicológico), ora no social, apontando para determinantes provenientes principalmente das desigualdades econômicas e ideologias capitalistas. Neste trabalho, pretendemos buscar uma articulação entre essas dimensões, tomando o cuidado de não integrá-las artificialmente.

A discussão sobre cultura é amplamente difundida e pesquisada por diversos campos do conhecimento, dentre eles, a Sociologia, a Filosofia e principalmente a Antropologia. Não é pretensão de esta pesquisa aprofundar as diferentes concepções, ou mesmo apresentá-las, mas tomá-las em consideração. No entanto, para a proposta desta investigação, a discussão realizada por Freud acerca dos fundamentos da cultura, a partir da analogia do processo de desenvolvimento do indivíduo e da sociedade, pareceu-nos a mais interessante. Será a partir dela que se realizará um diálogo com outros conhecimentos a fim de elucidar aspectos peculiares à contemporaneidade.

Freud, na sua busca pelo desvendamento das patologias psíquicas e do funcionamento da *psiqué* humana, deparou com as mazelas do desenvolvimento e características da civilização, e, por desdobramento, com a tensão existente entre essas duas dimensões – individual e social. A Psicanálise buscou elucidar o indivíduo para entender a própria cultura e proporcionou o desvendamento de uma nova dimensão do fato social: o inconsciente. Como Mezan (1985) aponta, Freud foi um grande pensador da cultura e suas contribuições permitem uma articulação entre indivíduo e sociedade apontando para as tendências destrutivas do processo civilizatório, que parecem incidir ainda na atualidade.

A partir da leitura de Freud, inclusive de suas "especulações" acerca da hipótese filogenética, estabeleceremos alguns diálogos com autores que atualizam suas discussões, a fim de buscar pistas para iluminar e contextualizar os caminhos e questões deste trabalho. Algumas discussões presentes desde Freud, não serão necessariamente apresentadas *a priori,* mas no decorrer do texto, quando a discussão com os demais autores requerer, possibilitando uma "(re)construção" da teoria psicanalítica até o tempo presente.

Antes, porém, do início desta trajetória, faz-se necessária, uma explanação de como se deu o surgimento do conceito de indivíduo, tal como conhecido hoje, para então, a partir do caminho exposto, investigar em que medida as transformações ocorridas historicamente influenciaram na constituição das noções de indivíduo e de cultura contemporâneos.

A emergência do indivíduo

Na época feudal, não havia espaço para a solidão individual. Não havia espaço "privado", quase tudo era feito em grupo e em público, mesmo nos ambientes domésticos.

Os movimentos iniciados na Baixa Idade Média, associados ao interesse da burguesia em ascensão, e as transformações que os sucedem (Renascimento, Reforma Protestante), provocaram importantes mudanças no pensamento da época. O homem passou a ser o centro das decisões (antropocentrismo), com ênfase na razão em contraposição aos ideais religiosos. A questão da submissão passa a ser questionada enquanto ordem preestabelecida. Inicia-se uma reivindicação do eu, por uma identidade no grupo, como ser distinto deste. Esses movimentos provocaram inicialmente a individualização de famílias e só depois a liberação do indivíduo.

> Inserido nos invólucros sucessivos de um mundo fechado, o indivíduo se define por contraste, ou mesmo por ruptura com os círculos de vida social: o grupo familiar, a comunidade... A consciência de si, nascida de um recuo, pode conduzir a um questionamento radical da ordem... (Ariès, 1981, p.529)

Por força da coerção exercida pelos dogmas cristãos, a ideologia vigente era a do bem comum, da consciência para com as obrigações sociais. Não havia reputação fora da esfera pública. A linguagem escrita, cuja narrativa era redigida em primeira pessoa, foi um dos primeiros sinais de autonomia e de relato da vida privada. Daí progrediu a afirmação de si de indivíduos preocupados com a perpetuação de sua imagem e da memória da inserção dos mesmos no mundo. Para Horkheimer e Adorno (1973, p.46), desde seu surgimento, a noção de indivíduo designa "algo concreto, fechado e auto-suficiente". Comparado com as mônadas, o indivíduo é explicado segundo a "visão individualista do homem concreto na sociedade burguesa", em que "uma substância particular não atua sobre outra e ainda menos a sofre", mas se tornam seres sociais a partir do momento que interagem entre si.

Inicia-se uma distinção entre esfera política e econômica, entre o público e o privado, por meio de um processo de laicização teórica e prática, garantindo a emancipação da classe burguesa, que emerge como economicamente dominante. A moral começa a mudar, surgindo, em função de suas relações sociais e, paradoxalmente, dá lugar ao cultivo de um individualismo "egoísta".

O modelo jusnaturalista (em cujas bases se fundou o Estado político moderno) surge como o eixo teórico de um projeto político da sociedade burguesa em ascensão. Essa ascensão da burguesia dependia, além da emancipação econômica do indivíduo (consubstancializada na figura do indivíduo burguês), de uma reação também no âmbito moral àquela que alicerçava a organização medieval. O *status quo* passa a ser questionado, e mais, a ser racionalmente explicado para além do âmbito da "revelação" cristã.

Era preciso justificar a formação do novo modelo de sociedade e os filósofos dessa "escola" (jusnaturalista) encontraram na necessidade de "sobrevivência da humanidade", por meio da sociabilidade do homem, um viés de reflexão. Se a vida humana é essencialmente convivência, o indivíduo perde sua substancialidade enquanto unidade social fundamental. A esse respeito, salienta Horkheimer e Adorno (1973, p.47):

> Mesmo antes de ser indivíduo o homem é um dos semelhantes, relaciona-se com os outros antes de se referir explicitamente ao eu; é um

ADOLESCENTES E JOVENS... EM AÇÃO! 51

momento das relações em que vive, antes de poder chegar, finalmente, à autodeterminação.

Para os jusnaturalistas o estado de natureza é um estado negativo, devendo a humanidade caminhar para o estado de razão na qual encontrará a solução de seus problemas. Esse aspecto terá seu auge no Iluminismo no século XVIII, quando a palavra indivíduo passou a designar o homem singular.

A Psicologia antes de Descartes entendia o indivíduo como uma categoria extra-social. A partir de Descartes, passou-se a valorizar a autonomia do eu: "Eu sou", "Eu penso" independente, e do sujeito concreto. No século XIX, os filósofos já não entendiam o indivíduo isolado da sociedade.

Para Hegel, a época moderna surge como a "época do indivíduo", mas também do contraste entre este e a coletividade. Tendo como conseqüência a incessante transformação da autonomia individual em heteronomia, fazendo com que o indivíduo fosse buscar novamente, por inúmeros caminhos, uma forma de converter-se novamente em ser autônomo. Hegel faz uma análise do conceito de indivíduo e de sua finalidade na família, demonstrando que esta perde suas características de célula social que se auto-reproduz. Reduzida a uma totalidade orgânica de indivíduos autônomos, a família perde também, seu papel na formação moral do indivíduo, cujo papel foi reduzido à condição de mera mediação social, como será apontado por Marcuse (1966).

Freud ao realizar estudos sobre a subjetividade humana também se depara com a necessidade de ampliação do entendimento da noção de indivíduo, bem como da relação dialética que ele estabelece com a cultura. Iniciou suas pesquisas a partir do atendimento de pacientes neuróticos, observando, entre outras coisas, como a forma de organização da sociedade, principalmente relacionada à repressão moral, influenciava no estado de saúde mental de seus pacientes.

A moral vitoriana vigente na época de Freud traduzia uma postura segundo a qual tudo o que era considerado inadequado devia ser eliminado ou no mínimo escondido. Essa sociedade começa a impor uma série de restrições ao homem moderno, seja no plano erótico, seja no

52   MÁRCIA APARECIDA BERTOLUCCI PRATTA

plano da agressividade. Essas restrições favoreceram, por exemplo, o fortalecimento da família (monogamia), mas sobretudo, as condições para o progresso econômico, graças à alienação do Homem que o converteu em um ser submisso, com bastante "energia liberada" para o trabalho, ou melhor, para a produção.

O que se começa a apresentar em meados do século XX é o aumento do individualismo, ao mesmo tempo em que se concedia uma liberdade que aprisionava as condições de subjetivação. "Quanto menos são os indivíduos, tanto maior é o individualismo" (Horkheimer e Adorno, 1973, p.53). Ou seja, quanto menor a capacidade dos indivíduos de se autodeterminarem, maior será o grau da sua heteronomia:

> A sociedade, que estimulou o desenvolvimento do indivíduo, desen-volve-se agora, ela própria, afastando de si o indivíduo, a quem destro-nou. Contudo, o indivíduo desconhece esse mundo, de que intimamente depende, até o julgar coisa sua. (idem, p.55)

Segundo Freud, em o *Mal-estar na civilização* (1973b), a cultura humana é entendida como o que distingue os homens dos animais e cuja função é assegurar os meios de subsistência frente a uma natu-reza que se apresenta como profundamente hostil, além de ajustar as relações sociais. Enquanto o indivíduo isolado se vê submetido às "forças naturais", a organização social tem por função multiplicar o poder humano, a fim de garantir tanto a produção dos bens naturais aptos a satisfazer as necessidades vitais, quanto promover a distribuição adequada entre os membros da sociedade. Freud vai operar uma série de oposições para definir a dialética da cultura como entre: natureza/ cultura, indivíduo/sociedade, produção/distribuição.

Freud discorre sobre a origem das instituições sociais demonstran-do como impõem determinadas limitações à satisfação das pulsões dos indivíduos, tornando-se deste modo, fonte de infelicidade e até mesmo de hostilidade entre os homens. A organização social, ao mesmo tempo em que possibilita a mediação necessária entre a pulsão e seu objeto, também introduz entre ambos uma distância, a qual é sentida, muitas vezes, como peso intolerável pelo indivíduo. Esse sentimento

ADOLESCENTES E JOVENS... EM AÇÃO! 53

é demonstrado por Freud em o *Mal-estar na civilização* (1973b), no qual aborda a constante ameaça de desagregação social em função da tensão existente entre o indivíduo e a sociedade. Desta forma, a cultura embora exerça um papel fundamental na constituição do sujeito, na medida em que cumpre seu papel de socialização e torna o indivíduo parte da civilização, causa também frustrações para esse indivíduo. O incremento do sentimento de culpa é apontado por Freud como um dos grandes "trunfos" da civilização, sendo esta a fonte, ao mesmo tempo, da infelicidade entre os homens.

Para melhor entender essas afirmações, faz-se necessário esclarecer algumas discussões que Freud estabelece. Qual seria, então, o objetivo do indivíduo? A resposta parece simples e isenta de questionamentos – a busca pela felicidade em estado permanente. Essa busca implica dois aspectos: a obtenção do prazer no sentido estrito e a evitação do desprazer (e da dor), uma forma de obtenção da felicidade no sentido pleno. Entretanto, em razão de uma série de características da civilização que findam por limitar a obtenção de prazer, o indivíduo só conhece "momentos" de felicidade, daí a substituição do programa do prazer no sentido estrito pelo programa do prazer adiado no sentido pleno.

A perspectiva freudiana, ao tomar como ponto de partida as exigências pulsionais, considera os fenômenos culturais como elementos de um equilíbrio econômico que se opera no nível do indivíduo e das instituições sociais, entre um *quantum* de libido e as barreiras interpostas pela repressão pulsional. O desprazer surge da coerção imposta à pulsão pelo fato de a vida em sociedade ser indispensável para a sobrevivência da espécie. Mas, no âmbito da vivência individual, a repressão não deixa de aparecer como uma dolorosa limitação das possibilidades de gozo. Isto se deve por uma condição inerente à existência da cultura enquanto tal, isto é, como mediação necessária e indispensável entre a exigência de satisfação da pulsão e o necessário adiamento da mesma. A cultura é ameaçada nem tanto pelo desejo de distribuição mais justa dos bens necessários à sobrevivência, mas, sobretudo, pelas tendências destrutivas, anti-sociais e anticulturais que nascem inevitavelmente dos sacrifícios que ela impõe à organização pulsional de seus membros.

A vida em sociedade é indispensável para a obtenção de prazer (obtida na relação com o outro – objeto), mas só é alcançada pela coerção imposta à pulsão, causando desprazer. Ou seja, para sermos felizes deveríamos ter ausência de sofrimento e a presença de prazer, porém, desde que nascemos somos privados da possibilidade de obter prazer ininterrupto e somos obrigados a reconhecer uma certa dependência do outro. As próprias condições de vida em sociedade impedem a plenitude do prazer e trazem sofrimento e infelicidade.

Freud, em o *Mal-estar na civilização* (1973b), relaciona três fontes de sofrimento:

- as que emanam da natureza;
- as que provêm da "fragilidade de nossos próprios corpos" e
- em razão da inadequação das regras que procuram ajustar os relacionamentos mútuos dos seres humanos na família, no Estado e na sociedade.

A satisfação completa dos desejos é impossível, cuja economia, sob influência do mundo externo, cada vez mais é submetida ao princípio da realidade que oferece satisfações substitutivas no meio social. O homem acaba encontrando a felicidade no fato de escapar à infelicidade advinda dos riscos da satisfação imediata da pulsão. Freud cita os apontamentos de La Fontaine sobre a necessidade de o homem se utilizar de construções auxiliares (satisfações substitutivas) para se proteger do sofrimento:

- derivativos poderosos, que fazem com que consigamos extrair luz da desgraça (cultivar um jardim, atividades científicas);
- satisfações substitutivas (arte – ilusão que contrasta com a realidade);
- substâncias tóxicas, que influenciam no nosso corpo.

No entanto, o grau de independência do mundo externo proporcionado por essas substâncias, o encontro de refúgio em um mundo próprio é também o que determina seu perigo e a capacidade de causar danos. Para Freud, a energia gasta nessas circunstâncias poderia ser utilizada para o aperfeiçoamento do destino humano.

Então, os meios para evitar o desprazer oriundo da satisfação imediata das pulsões seriam de natureza diversa: sublimação, trabalho, relacionamentos, amor, neurose, drogas.

ADOLESCENTES E JOVENS... EM AÇÃO! 55

Para melhor entender esses processos é importante recorrer à leitura de outra obra, *Totem e Tabu* (1973c), na qual Freud realiza uma análise das sociedades primitivas, buscando, por meio delas, elucidar a dialética das hipóteses filogenéticas e ontogenéticas acerca da origem da civilização.

Uma das discussões centrais desta obra é a discussão a respeito da atitude ambivalente do indivíduo para com o objeto, ou seja, ao mesmo tempo em que deseja constantemente realizar determinado ato – que lhe traria prazer –, ele também o repudia pelo fato de trazer-lhe sofrimento. O conflito entre essas duas tendências pode vir à tona em forma de tensão entre ambas. É preciso entender que o imperativo da interdição é apenas parcialmente consciente, enquanto que a necessidade de satisfação é inconsciente, relacionada ao desejo original de satisfação pulsional.

Para melhor elucidar suas teorizações, Freud estabelece uma analogia entre o elevado grau desta ambivalência nos povos primitivos e os pacientes obsessivos. Com essa analogia pode-se perceber que, após um penoso conflito, segundo Freud *(Totem e Tabu*, 1973c), os homens primitivos são obrigados a reagir contra a hostilidade latente em seu inconsciente semelhante à que é expressa como autocensura obsessiva (no caso dos neuróticos). Freud denominará esse mecanismo de *projeção*. Por meio da projeção, os indivíduos expulsam de si a hostilidade inconsciente (percepção interna) para o mundo externo. Além dessa função, a projeção permite que se dêem as percepções internas dos processos emocionais e o pensamento que, por sua vez, são utilizados para construir o mundo externo.

Em *Além do princípio do prazer* (1973e), Freud aprofunda seu entendimento sobre o funcionamento da vida instintiva deparando-se com a compulsão para repetir. A partir de então levanta a hipótese de que, ao lado de Eros (pulsão de vida), deveria haver outra tendência pulsional que buscaria conduzi-la a seu estado primevo – a não vida (morte) – em outras palavras, postula a existência da pulsão de morte. Em o *Mal-estar na civilização* (1973b), Freud consolida seus estudos a respeito da ação dessa pulsão (Thânatos) na vida em sociedade, admitindo que os fenômenos da vida podiam ser explicados pela luta entre essas duas pulsões.

56 MÁRCIA APARECIDA BERTOLUCCI PRATTA

Salienta, entretanto, que uma parte dessa pulsão é desviada para o mundo externo e vem à luz como um instinto de agressividade e destrutividade. Poderia, entretanto, ser colocado a serviço de Eros se utilizado a serviço da civilização, em vez de destruir seu próprio eu ou aos outros. No entanto, a restrição da projeção dessa agressividade para fora contribuiria para aumentar a autodestruição que apareceria sob a forma de sentimento inconsciente de culpa.

Essas considerações partem do pressuposto freudiano de que:

> os homens não são criaturas gentis que desejam ser amadas e que, no máximo, podem defender-se quando atacadas; pelo contrário, são criaturas entre cujos dotes instintivos deve-se levar em conta uma poderosa quota de agressividade. (...) o seu próximo é, para eles, não apenas um ajudante potencial ou um objeto sexual, mas também alguém que os tenta a satisfazer sobre ele a sua agressividade. (Freud, 1973b, p.167)

A afirmação da existência dessa inclinação para a agressão em nós e no outro força a civilização a estabelecer limites para os instintos agressivos do homem a fim de mantê-lo sob controle por formações psíquicas reativas, uma vez que essa hostilidade mútua entre os homens é o fundamento da constante ameaça de desintegração da civilização. Dentre os métodos empregados pela sociedade para controlar a agressividade do homem, Freud apontou o estímulo a identificações e relacionamentos amorosos inibidos em seu fim. Daí a restrição à vida sexual e também a necessidade do mandamento ideal de amar ao próximo como a si mesmo (cf. Freud, 1929).

Ocorre que essas imposições restritivas à sexualidade e à agressividade do indivíduo necessárias à continuidade da civilização tornaram ainda mais difícil atingir o objetivo de felicidade do homem, acirrando sua hostilidade contra a própria civilização e suas instituições sociais.

Para melhor entendimento de como se deu esse processo de hostilidade, Freud recorre às implicações da hipótese filogenética: o mito do assassinato primordial.

A origem da cultura segundo a Psicanálise

Para Freud, o homem civilizado, propriamente dito, só surgiu na modernidade com a preponderância da racionalidade, trazendo consigo, entretanto muitas características primitivas.

Em uma longa nota de rodapé, em o *Mal-estar na civilização* (1973b), Freud propõe uma hipótese filogenética a qual chama de "especulação teórica" acerca da origem do processo de cultura, que consistiu na passagem do homem à posição vertical. O predomínio dos estímulos visuais em detrimento das sensações olfativas levaria à constância da excitação sexual e à fundação da família e, por desdobramento, ao umbral da cultura humana. A função da família seria conservar próximos os parceiros sexuais, permitindo a satisfação pulsional. O poder do amor que fez com que o homem mantivesse a mulher ao seu lado e o filho ao lado da mulher tornou-se um dos fundamentos da vida comunitária, juntamente com a necessidade do trabalho a fim de prover a subsistência de um número maior de indivíduos. Eros e Ananké (amor e necessidade) são assim os "pais da cultura".

A civilização constitui um processo a serviço de Eros com o objetivo de combinar libidinalmente indivíduos, famílias, raças, povos e nações numa única grande unidade – a unidade da humanidade. No entanto, a cultura vai ser construída da energia desviada da libido que, por sua vez, acaba se rebelando contra aquela. Mas o maior fator de oposição à civilização, ainda consiste no instinto agressivo do homem, na hostilidade entre os membros da comunidade. Esse instinto é o derivativo da pulsão de morte. Sendo assim, a dialética da civilização é representada pela luta entre Eros e Thânatos, assim como o fora para a evolução da espécie humana.

Freud concebe o totemismo como o ponto de partida para a analogia entre o indivíduo e a sociedade. Ao remeter a gênese da ordem política, do direito, da moral, da religião e da própria inserção do indivíduo na cultura ao sentimento de culpa primordial, Freud acaba associando a evolução das instituições e moralidade a uma espécie de repetição do evento inaugural (mito do parricídio).

O evento inaugural consiste no assassinato do pai primevo pelos filhos que haviam sido expulsos da horda. O pai que reinava pelo uso da violência era temido e invejado por todos. Além de reservar para si todas as mulheres, castrava e expulsava os filhos para não dividir suas fêmeas com eles. O evento foi possível pela união dos irmãos que impedidos da satisfação de suas tendências sexuais canalizaram sua agressividade contra o pai violento, assassinando-o e devorando-o. Freud, então, atribui a Eros o papel de desencadeador da revolta dos filhos. Uma vez devorado o cadáver, cada membro da horda incorpora uma parcela do pai. Esse é o processo pelo qual cada um deles converte-se em representante do pai, fortalecendo a identificação recíproca entre os irmãos. No entanto, como cada um incorpora as características do pai, surge a rivalidade. Os sentimentos ambivalentes, tanto pela necessidade de identificação com o pai, como pelo ódio que dele sentiam, faz surgir o sentimento de culpa. O pai morto torna-se mais forte do que quando vivo, e os filhos passam a desencadear o que a psicanálise denominou de obediência *a posteriori*.

A nova organização estabelecida e a própria repetição do evento, foram a base para a organização social para as restrições morais e para a religião.

A base do direito será constituída pelo mandamento de não matar, ou seja, a atribuição à comunidade do monopólio da violência homicida que engendra o surgimento do sentimento de culpa. Como vimos anteriormente, em referência aos tabus das sociedades primitivas, somente a consciência de culpabilidade pode promover a repressão da violência. Mezan (1985) descreve que Freud vai buscar na culpabilidade o fundamento da necessidade de submissão que, de acordo com seu entendimento, está intimamente entrelaçada com a origem do poder e com sua capacidade de extrair obediência daqueles sobre quem se exerce o domínio; ou seja, a interiorização da culpabilidade representa a garantia mais segura da submissão. Mezan (1986, p.493) afirma que isso vai ocorrer tanto no nível individual "quanto no nível social, em que se reproduz de geração em geração a mesma culpabilidade inconsciente, fundamento último da coesão social."

ADOLESCENTES E JOVENS... EM AÇÃO! 59

Freud aponta duas origens para o sentimento de culpa. Uma, descrita no item anterior, surge pelo medo de uma autoridade e a outra, pelo medo do superego. Aqui Freud também recorre à analogia entre sociedade e indivíduo. A primeira origem do sentimento de culpa apresentada diz respeito ao desenvolvimento social; a segunda, apresentada a seguir, diz respeito ao processo individual.

Freud (1973b, p.176) afirma que, na verdade, a agressividade é introjetada, internalizada; ou seja, enviada de volta para o lugar de onde proveio, ou seja, ao seu próprio ego:

> Aí, é assumida por uma parte do ego, que se coloca contra o resto do ego, como superego, e que então, sob a forma de "consciência", está pronta para pôr em ação contra o ego a mesma agressividade rude que o ego teria gostado de satisfazer sobre outros indivíduos, a ele estranhos.

Freud considera que o sentimento de culpa oriundo dessa tensão entre o severo superego e o ego, expressa-se pela necessidade de punição. Desta forma, estaria dominado pela civilização o desejo de agressão do indivíduo.

Então, porque a tensão entre indivíduo e sociedade permanece?

É preciso observar que o sentimento de culpa, originário do medo da autoridade, requer a renúncia às satisfações pulsionais. Porém, com o desenrolar do Complexo de Édipo, esse sentimento do medo do superego, exige uma punição pelos desejos proibidos, uma vez que estes não podem ser escondidos do superego.

Essas exigências da civilização resultantes tanto do conflito proveniente da ambivalência entre o amor e o ódio, quanto da eterna luta entre Eros e Thânatos, estão diretamente ligadas ao aumento do sentimento de culpa que pode ser intolerável para o indivíduo. Este é o preço pago para se viver na civilização: a perda da felicidade pela intensificação do sentimento de culpa. Há que se considerar o fato de que Freud vivia em uma época de intensa repressão sexual (moral vitoriana) cujos reflexos podiam ser observados, principalmente, nos pacientes que atendeu e que o inspiraram para suas postulações. O capitalismo, em seus primórdios, pregava liberdade de comércio, diminuição do controle estatal e da Igreja, em nome do progresso e da exaltação do próprio indivíduo, nascido com o Renascimento. O indivíduo, ao mesmo tempo que quer ser um Deus, em nome da liberdade, é submetido a severas limitações advindas do controle da vida sexual e da disciplina rígida impostas às crianças e aos jovens por meio da educação.

Freud infere que o sentimento de culpa produzido pela civilização permanece, em grande parte, inconsciente ou aparece ainda sob a forma de uma espécie de *mal-estar*, uma insatisfação, fazendo com que as pessoas busquem outras motivações (cf. Freud, 1929).

Assim, Freud examina a relação existente entre a história dos seres humanos individuais e o processo histórico da civilização da espécie humana, sendo, o segundo, uma abstração de ordem mais elevada em relação ao primeiro. Em outras palavras, para Freud, o desenvolvimento da civilização reproduz o desenvolvimento do indivíduo.

No processo de desenvolvimento do indivíduo, o objetivo predominante é o princípio do prazer que consiste na obtenção da felicidade. A integração numa comunidade humana que garante a relação com o outro aparece como uma condição para se atingir esse objetivo. Em outras palavras, o desenvolvimento do indivíduo seria o produto da interação entre o sentimento egoísta com premência para a obtenção da felicidade e o sentimento chamado de altruísta cuja finalidade é a união com os outros da comunidade.

No processo de desenvolvimento civilizatório, impõem-se, portanto, objetivos distintos para os processos individuais e coletivos, uma vez que se manifesta pela tensão constante entre indivíduo e sociedade: para o indivíduo, exige-se a satisfação imediata das pulsões (felicidade no sentido estrito), ao passo que, para a cultura, o objetivo é promover a unidade dos seres humanos individuais e, para isso, é preciso adiar a satisfação pulsional e o prazer de seus membros.

A partir dessas afirmações, Freud possibilita uma ampliação da analogia entre indivíduo e sociedade ao afirmar que a comunidade desenvolve um superego (coletivo), influenciado pela evolução cultural e que o superego de uma determinada época da civilização origina-se de forma semelhante à do indivíduo, baseando-se na impressão deixada pelas personalidades dos grandes líderes.

ADOLESCENTES E JOVENS... EM AÇÃO! 61

(...) na realidade os processos mentais relacionados são mais familiares para nós e mais acessíveis à consciência tal como vistos no grupo, do que o podem ser no indivíduo. (Freud, 1973b, p.191)

A partir destas concepções Freud sugere que, a exemplo do indivíduo, também a sociedade pode adoecer, tornar-se neurótica e invoca Eros para impedir a aniquilação do homem pelo homem.

O caráter histórico da repressão

Marcuse, em *Eros e Civilização* (1966), propõe uma abordagem histórica das noções e teorias freudianas. Inicia suas argumentações com a afirmação de que para Freud "a história do homem é a história de sua repressão", fazendo menção às contradições existentes entre o desenvolvimento do indivíduo e da sociedade e a necessidade desta última de estabelecer mecanismos de repressão das pulsões agressivas e sexuais do indivíduo. Ao mesmo tempo, identifica um paradoxo nas teses freudianas ao apontarem também para a idéia de que, no entanto, a civilização repressiva está acarretando a infelicidade dos homens. Marcuse ressalta o caráter sócio-histórico da mutabilidade pulsional uma vez que a realidade que dá forma às pulsões, a suas necessidades e satisfações é o mundo sócio-histórico. Freud descreveu a transformação dos "valores" instintivos a partir da transformação do princípio de prazer em princípio de realidade. Isto acontece quando o homem aprende a renunciar ao prazer imediato, substituindo-o pelo prazer adiado. Apenas a fantasia, segundo o próprio Freud, está protegida do princípio da realidade e o homem, dominado pelo princípio de realidade, vai desenvolver a função da *razão*. No entanto, os desejos e a própria alteração da realidade passam a ser organizados pela sociedade por meio da repressão dos instintos agressivos e sexuais do indivíduo. A transformação do princípio de prazer em princípio da realidade vai se dar tanto no plano do indivíduo (ontogênese) imposta pelos pais durante a infância; quanto no gênero (filogênese), com o assassinato do pai primevo. O resultado

62 MÁRCIA APARECIDA BERTOLUCCI PRATTA

desses dois processos históricos é o submetimento pela repressão, do princípio de prazer.

Marcuse retoma as teses freudianas de que a história do indivíduo (ontogênese) reproduz a história da civilização (filogênese) conferindo àquela um caráter histórico-social:

> O retorno do reprimido compõe a história proibida e subterrânea da civilização. (...) A psicologia individual, de Freud, é em sua própria essência uma psicologia social. A repressão é um fenômeno histórico. (Marcuse, 1966, p.30)

É fato também que a repressão externa foi apoiada pela repressão interna, devidamente introjetada pelo indivíduo. Conforme Marcuse essa auto-repressão sustenta o domínio dos senhores e suas instituições. A sociedade, para manter sua existência necessita do trabalho, e para garanti-lo, desvia uma parte da energia sexual (libido) dos indivíduos para a manutenção desta atividade.

Para Freud é impossível a existência de uma sociedade não-repressiva, uma vez que os objetivos do indivíduo e da civilização não são coincidentes. Como já apresentamos anteriormente, Freud propõe uma dualidade inevitável entre campos antagônicos: civilização e barbárie, progresso e sofrimento, liberdade e infelicidade que vão representar a essência da luta entre Eros e Thânatos. Dualidades essas que apontarão para uma contradição inerente à civilização repressora, conforme salienta Marcuse (idem, p.32):

> E na medida em que a plena satisfação de necessidades é felicidade, a liberdade na civilização é essencialmente antagônica da felicidade, pois envolve a modificação repressiva (sublimada) da felicidade.

Segundo Marcuse (idem, p.33), Freud encontra explicação para esse conflito no desenvolvimento do aparelho mental repressivo em dois planos:

a) Ontogenético: a evolução do indivíduo reprimido, desde a mais remota infância até a sua existência social consciente.

ADOLESCENTES E JOVENS... EM AÇÃO! 63

b) Filogenético: a evolução da civilização repressiva, desde a horda primordial até o estado civilizado plenamente constituído.

Para Marcuse falta às teses freudianas uma visão histórica da repressão imposta pela civilização.

Em relação à origem do indivíduo reprimido (ontogênese), Marcuse (idem, p.35) aponta:

> A luta pelo destino da liberdade e felicidade humanas é travada e decidida na luta dos instintos – literalmente, uma luta de vida ou morte – em que a soma e a psique, a natureza e a civilização participam.

A partir desta afirmação Marcuse retoma a teoria freudiana sobre a luta entre os dois instintos, Eros e Thânatos, uma eterna luta contra o sofrimento e a repressão. Conforme Marcuse (idem, p.41), "... o próprio instinto de morte parece ser afetado pelas mudanças históricas que influem nessa luta." Para esclarecer essa afirmação, Marcuse propõe a atualização do conceito de "pessoa", a partir da última versão da teoria dos instintos do próprio Freud. Nessa nova teoria, as estruturas mentais estão divididas em *id, ego e superego*. A camada sob domínio do inconsciente é a maior e mais antiga, designada pelo *id*, em que estão ausentes as dimensões consciente e social. Seu objetivo é a plena satisfação de suas necessidades instintivas orientadas pelo princípio do prazer.

Uma parte do *id* vai sofrer influências do mundo externo, desenvolvendo gradualmente o ego. A tarefa do ego consiste em mediar o *id* e o mundo externo. Como mediador, o ego tende a preservar a sua existência, representando o mundo externo para o *id*, e assim, protegendo-o. O ego, então, tem a função de substituir o princípio de prazer, que atua no *id*, pelo princípio de realidade.

> (...) o principal papel do ego é coordenar, alterar, organizar e controlar os impulsos do *id*, de modo a reduzir ao mínimo os conflitos com a realidade (...) retardando ou desviando a sua gratificação, transformando o seu modo de gratificação... (idem, p.42)

A atitude do ego é defensiva por perceber o mundo externo como algo hostil.

O superego tem sua origem durante a fase infantil de dependência em relação aos pais. Ele é formado pela influência parental e pelas influências sociais e culturais, transformando-se no representante da moralidade estabelecida socialmente. As restrições que os pais e a cultura impõem ao indivíduo são introjetadas no ego que se converte em sua "consciência". A partir daí, o sentimento de culpa (necessidade de punição) se estabelece na vida mental (no inconsciente).

Para Marcuse (idem, p.44), esse processo provoca um retrocesso no desenvolvimento mental, "negando as suas potencialidades em nome do passado":

> Filogeneticamente e ontogeneticamente, com o progresso da civilização e com a evolução do indivíduo, os vestígios de memória da unidade entre liberdade e necessidade ficam submersos na aceitação da necessidade de não-liberdade; racional e racionalizada, a própria memória submete-se ao princípio de realidade.

Essas considerações são o núcleo da reformulação histórica da teoria freudiana proposta por Marcuse cuja argumentação baseia-se no fato de que o mundo histórico-social oferece as bases para o desenvolvimento do ego que, por sua vez, converte-se em expressão particular daquele. Sendo assim, dependendo da organização histórico-social de cada período, haverá necessidade de diferentes tipos de repressão e, até mesmo, como propõe Marcuse, um possível período de não-repressão.

A partir dessas considerações Marcuse (idem, p.45) introduz novos conceitos, a fim de possibilitar a análise histórica da tensão entre indivíduo e sociedade. São eles:

> a) Mais-repressão: as restrições pela dominação social. Distingue-se da repressão (básica); as "modificações" dos instintos necessários à perpetuação da raça humana em civilização.
>
> b) Princípio de desempenho: a forma histórica predominante do princípio de realidade.

O princípio de realidade é o resultado de diversos modos de dominação (do homem e da natureza) e denuncia o grau e o escopo da repressão orientada, segundo a produção social e a organização econômica de cada período histórico. Além do controle repressivo dos instintos, os interesses de dominação vão utilizar as instituições históricas para introduzir controles adicionais, denominados por Marcuse, de *mais-repressão*.

O recurso à mais-repressão assenta-se no medo da revolta dos oprimidos contra a dominação estabelecida (como ocorrido na horda primitiva). As instituições constituem o corpo social do princípio da realidade, não apenas representando-o, mas modificando-o conforme as prerrogativas da dominação daquele período. Sendo assim, para entender a repressão da sociedade contemporânea é necessário descrever o princípio de realidade específico que governou as origens e a evolução dessa civilização. Marcuse (idem, p.52) chamou esse princípio de *princípio de desempenho*.

> O princípio de desempenho (...) pressupõe um longo desenvolvimento durante o qual a dominação foi crescentemente racionalizada: o controle sobre o trabalho social reproduz agora a sociedade numa escala ampliada e sob condições progressivas.

Cabe lembrar, mais uma vez, e este contexto é importante para a contextualização histórico-social deste trabalho, que Freud retratou a moral vitoriana de uma sociedade extremamente repressiva sobretudo em relação à sexualidade; e Marcuse fez uma releitura das teorias freudianas procurando contemplar uma sociedade em pleno progresso industrial, cujas formas de repressão sexual vão assumir outro aspecto, como será visto no decorrer deste capítulo.

Marcuse sustenta que durante o desenvolvimento capitalista da civilização ocidental o modo de satisfação das necessidades dos indivíduos passou a ser dominado pelo próprio trabalho, do qual não possuía controle. As funções preestabelecidas eram desenvolvidas de forma alienada. Como o trabalho alienado significa ausência de gratificação, a libido desviada para essa função não encontrava aí a satisfação de seus desejos.

No entanto, Marcuse (idem, p.53) afirma que "a energia instintiva assim retraída não se acumula (não sublimada) nos instintos agressivos porque sua utilização social (no trabalho) sustenta e até enriquece a vida do indivíduo." Com isso, as restrições impostas para a libido vão se tornando racionalizadas. Isto é, as leis objetivas vão atuar na consciência e no inconsciente do indivíduo de modo que este sinta operando sobre o seu próprio desejo. Em seu desenvolvimento normal o indivíduo experimenta "sua repressão 'livremente' como sua própria vida: deseja o que se supõe que ele deve desejar". Por meio dessa felicidade fracionada o indivíduo encontra-se habilitado para desenvolver suas funções laborais. Nesta perspectiva, Marcuse (idem, p.54) aponta outro fator determinante: a distribuição de tempo. Se o homem alienasse apenas uma parcela de tempo, o que é direcionado para o trabalho, o restante poderia ser utilizado para si, e poderia ficar disponível para o prazer. A sociedade, governada pelo princípio de desempenho teria que levar em consideração a intemporalidade do *id*, e treinar o organismo para a alienação "em suas próprias raízes: o ego prazer". Assim é, no estágio da civilização industrial, que começou a ameaçar os limites da dominação repressiva em razão do crescimento da produtividade, que surge a manifestação mais evidente da mais-repressão, utilizada para controle das massas – a indústria de entretenimento cuja função é controlar o tempo de lazer dos indivíduos.

Marcuse retoma as teses freudianas do parricídio em seu valor simbólico. Como a teoria freudiana sobre o início da civilização já foi abordada anteriormente, serão apresentadas apenas as considerações levantadas por Marcuse que elucidam o caráter da repressão na sociedade por ele analisada.

Marcuse (idem, p.70) parte das seguintes afirmações de Freud:

> Freud supõe que o crime primordial e o sentimento de culpa que lhe é concomitante reproduzam-se, em formas modificadas, ao longo da história. O crime é reproduzido no conflito da velha e da nova geração, na revolta e rebelião contra a autoridade estabelecida – e no arrependimento subseqüente, isto é, na restauração e glorificação da autoridade.

Freud denominou como "retorno do reprimido" a restauração da autoridade. Segundo Marcuse, esse "retorno do reprimido" foi dominado pelo poder e o avanço da civilização industrial (após séculos de progresso).

ADOLESCENTES E JOVENS... EM AÇÃO! 67

Mas, com o desenvolvimento da sociedade industrial, nas décadas próximas ao meio do século XX, a racionalidade parece atuar no indivíduo e na sociedade de forma a possibilitar outra forma de manifestação do retorno do reprimido. A idéia de liberdade é perseguida ao mesmo tempo em que os campos de concentração, perseguições, trabalhos forçados, demonstram uma mobilização contrária ao retorno do reprimido.

Como pode ser entendido o retorno do reprimido neste novo contexto histórico?

Para Freud a resposta pressupõe que a memória inconsciente contemple vestígios do passado (do gênero). Esta hipótese indica que acontecimentos semelhantes aos que causaram a repressão dos instintos podem despertar o poder do que fora reprimido.

Marcuse ressalta, a partir de Freud, que os acontecimentos sociais têm o poder de despertar o reprimido. Ou seja, as relações mantidas pelo indivíduo nas instituições o fazem entrar em contato com as ideologias que as suportam que, por sua vez, reproduzem tanto a dominação daquelas como o impulso para a destruição delas mesmas (família, escola, oficina e escritório, o Estado, a Lei, a filosofia e moral predominantes). Sendo assim, a diferença entre a situação primordial e o retorno histórico civilizado do reprimido está em quando, na primeira, o pai morto é devorado pelos filhos e retorna sob a forma de dominação pessoal; na segunda situação, a função do pai é gradativamente transferida da esfera individual para a social. Marcuse aponta que a intensidade da restrição e da renúncia é a mesma que na horda primordial, no entanto, mais racionalmente distribuída entre o pai, o filho e o conjunto da sociedade.

Guiada por esta racionalidade, a sociedade vai servir-se das várias instituições, cujo objetivo é ensinar a seus filhos a tornar-se "adaptados" a sua sociedade. E, para Marcuse, é justamente o desenvolvimento dessas instituições que estava abalando os alicerces estabelecidos pela civilização, uma vez que o faz às custas da liberdade.

A tensão entre indivíduo e civilização, segundo Marcuse

Para Marcuse a repressão dos instintos e da agressividade vai depender da configuração histórica do princípio de realidade (de desempenho).

À medida que o pai é substituído pelas autoridades da sociedade e as proibições e inibições se propagam, intensifica-se também o impulso agressivo e seus objetos, fazendo com que a sociedade necessite fortalecer suas defesas por meio do reforço do sentimento de culpa.

No entanto, adverte-nos o autor, na esteira das teses freudianas, para que os mecanismos de controle da civilização sejam eficazes, esta teria de fortalecer as pulsões sexuais, "pois somente um Eros forte pode efetivamente sujeitar os instintos destrutivos." Como a civilização necessita do progresso no trabalho para cumprir seus objetivos, e para isso, impõe-se o desvio da libido para seus próprios fins, encontra-se aí um problema para a efetivação do domínio da sociedade sobre o indivíduo.

Marcuse sustenta também que não somente os impulsos sexuais tornam-se privados de sua finalidade pelo investimento do indivíduo no trabalho, mas também os especificamente sociais (relações afetivas entre pais e filhos, amizade, casamento).

Essas renúncias que cada indivíduo realiza, e assim, contribui para a sociedade, têm sido "gratificadas" com o acúmulo do patrimônio comum de riquezas materiais e ideais da civilização. Marcuse observa que esses instintos sociais, por se contentarem com certas "aproximações à satisfação" sexual, não podem ser entendidos como sublimados, mas como ligados à sublimação. Então, a principal esfera da civilização seria a da sublimação, que envolve dessexualização. A cultura vai exigir sublimação contínua. No entanto, a dessexualização, ao enfraquecer Eros, permite a liberação dos impulsos destrutivos.

Marcuse (idem, p.81) ao retomar algumas das teses de Freud, em o *Mal- estar na civilização* (1973b) propõe algumas objeções a essa tese:

1) Nem todo trabalho envolve dessexualização, nem todo trabalho é desagradável, é renúncia.

2) As inibições impostas pela cultura também afetam (...) os derivados do instinto de morte: os impulsos de agressividade e destruição. (...) Além disso, o próprio trabalho na civilização é, em grande medida,

ADOLESCENTES E JOVENS... EM AÇÃO! 69

uma utilização social dos impulsos agressivos e é, portanto, trabalho a serviços de Eros.

Para Marcuse (idem, p.84), a relação entre as fontes psíquicas e os recursos para a realização do trabalho envolvendo a sublimação foram negligenciados pela psicanálise. O filósofo argumenta que existem modos de trabalho que oferecem satisfação, apesar de a grande maioria não ser assim. Ao mesmo tempo, aponta para as bases pulsionais agressivas presentes na particular dialética paradoxal que se estabelece entre civilização e destruição:

> E o fato de a destruição da vida (humana e animal) ter progredido com o progresso da civilização, de a crueldade, o ódio e o extermínio científico do homem terem aumentado em relação à possibilidade real de eliminação da opressão – essa característica dos estágios mais recentes da civilização industrial possuiria raízes instintivas que perpetuam a destrutividade para além dos limites de toda a racionalidade.

O trabalho que humilha e aliena, tornando vazia a existência, sem gratificação para o indivíduo, acaba fazendo com que a agressividade venha à tona de forma irracional. De fato, o que se pode notar é uma outra forma de retorno do reprimido que vai exigir da sociedade uma maior repressão pulsional.

Na estrutura da personalidade reprimida a mais-repressão é aquela que representa as condições sociais da dominação. Em relação às três fontes de sofrimento citadas por Freud (as que vêm da natureza, das relações sociais e a finitude de nossas vidas), Marcuse afirma que pelo menos a primeira e a segunda provêm de fontes históricas. Sendo assim, Marcuse (idem, p.85) ressalta sua tese de que a necessidade de repressão (e o sofrimento que ela produz) vai variar com a "maturidade da civilização e com a extensão do domínio racional obtido sobre a natureza e a sociedade".

A intensidade e a amplitude da repressão instintiva vão obter plena significação quando comparada "aos limites historicamente possíveis da liberdade."

A divisão do trabalho assume a forma de restrição do prazer. O pai continua sendo responsável pela adaptação do filho à sociedade, não mais como "possuidor da mãe", mas como representante da família (instituição) e como parte da utilização social do trabalho. O desenvolvimento desse processo vai despertar, no plano individual, a "revolta primordial" contida na trama edipiana e o trabalho de supressão da mesma por meio do sentimento de culpa e superego. No nível social, sucessivamente às rebeliões surgem as contra-revoluções. A luta dos oprimidos acaba dando lugar a um novo sistema de dominação. Marcuse encontra na origem e perpetuação do sentimento de culpa conceituada por Freud, uma explicação para esse fenômeno. As revoltas nunca foram bem-sucedidas por conter a racionalização do sentimento de culpa. A racionalização do poder é refletida na racionalização da repressão. Agora o pai é representado pela organização social na administração que preserva a convivência na civilização defendida pela dominação. O crime "primordial" é representado como um crime sobre a própria sociedade "além dos limites de recompensa e além da redenção".

Mas o avanço do progresso vai tornar essa racionalidade ilegítima. A partir do momento que o homem, pelo conhecimento, promove os meios de satisfação de que necessita para sua reprodução com menos esforço, enfraquece a repressão institucionalizada que tinha, até então, sua justificativa baseada na escassez.

A cultura da civilização industrial converteu o organismo humano num instrumento cada vez mais sensível, diferenciado e permutável, e criou uma riqueza social suficientemente grande para transformar esse instrumento num fim em si mesmo. (...) A civilização tem de se defender do espectro do mundo que tende a ser livre. (idem, p.88)

O progresso acaba modificando qualitativamente as necessidades do homem. A industrialização trouxe também uma redução do investimento de energia para o trabalho, libertando energia para as faculdades individuais. O indivíduo passa a se aproximar da autonomia, exigindo da sociedade novos modos de repressão.

ADOLESCENTES E JOVENS... EM AÇÃO! 71

A defesa encontrada por esta civilização consiste no fortalecimento dos controles, nem tanto sobre os instintos, mas sobre a consciência. Caso a consciência fique livre poderá reconhecer os mecanismos de repressão. A manipulação da consciência na civilização industrial (refere-se às décadas 50-60, do século XX) pode ser observada pelas formas de controle da vida privada e pública por meio da promoção de atividades ociosas que não exigem empenho intelectual.

Essa extensão de controles a regiões anteriormente livres da consciência e ao lazer permite um relaxamento dos tabus sexuais (anteriormente mais importantes, visto que os controles globais eram menos eficientes). (idem, p.88)

Ao mesmo tempo em que se observa uma maior "liberdade" sexual, identifica-se sua vinculação com o conformismo lucrativo. "Em suas relações eróticas, os indivíduos 'respeitam seus compromissos' – com charme... com seus 'comerciais' favoritos" (idem, p.90). No interior desse processo de alienação do indivíduo, a liberdade concedida a Eros atuaria como uma força destruidora, pois afeta a estrutura do superego e a manifestação do sentimento de culpa. A imagem do pai é substituída por imagens vindas da organização social.

Essas características foram marcadas, principalmente, pela transformação do capitalismo "livre" em "organizado", em meados do século XX. Ocorre uma diminuição do poder da família em relação aos processos de adaptação dos filhos à sociedade. A família como unidade independente, assim como o indivíduo, deixam de ser unidades autônomas do sistema social, e são, gradativamente, substituídos por agrupamentos, instituições e associações impessoais em larga escala. O valor social do indivíduo passa a ser medido por suas aptidões e qualidades para se inserir na sociedade em lugar do julgamento autônomo e da responsabilidade pessoal, outrora valorizados.

A abolição tecnológica do indivíduo está refletida no declínio da função social da família. Anteriormente, era a família quem, para bem ou para mal, criava e educava o indivíduo; e as normas e valores dominantes eram transmitidos pessoalmente, (...) na transmissão e herança do conflito de

Édipo, tornaram-se indivíduos, (...) Por meio da luta com o pai e mãe, como alvos pessoais de amor e agressão, a geração mais nova ingressou na vida social com impulsos, idéias e necessidades que eram, em grande parte, de cada um dos jovens. (...) (idem, p.90-1)

Segundo Marcuse (idem, p.91), sob as novas formas de domínio (econômico, político e cultural), a formação do superego parece saltar por cima do "estágio de individualização: o átomo genérico torna-se diretamente um átomo social". A repressão pulsional passa a ser coletiva e o ego é prematuramente socializado por agências extrafamiliares.

Os padrões para a conformidade, assim como para a rebelião, são transmitidos pelo rádio e televisão e os desvios são punidos, não pela família, mas fora e contra a família. A educação dá sinais de extrapolação do âmbito familiar, levada por meios tecnológicos "mais eficazes". Agora, o filho é que sabe e se opõe às obsoletas formas preconizadas pelo pai. Cada vez mais é observada a substituição do papel do pai por instituições.

A civilização tem a responsabilidade pela socialização da vida dos indivíduos, por meio das instituições que o fazem dentro dos padrões de conformidade impostos pela mídia. O impulso agressivo mergulha no vácuo. Restam vítimas inocentes como funcionários obedientes e prestimosos trabalhadores sociais.

A agressão, então, é repelida e introjetada: a culpa volta-se para o eu.

A agressividade voltada contra o eu ameaça ficar sem qualquer sentido: com sua consciência coordenada, sua intimidade abolida, suas emoções integradas em conformismo, o indivíduo não dispõe mais de "espaço mental" suficiente para desenvolver-se contra o seu sentimento de culpa, para viver com uma consciência própria. (idem, p.92)

No entanto, esse estado de coisas não é forte o suficiente para eliminar a agressividade acumulada. A consciência perde gradativamente seu poder de autonomia. O indivíduo, manipulado pela educação e pelos mecanismos de entretenimento (utilização do espaço ocioso), não tem consciência de tais mecanismos de controle e acaba unindo-se

ADOLESCENTES E JOVENS... EM AÇÃO! 73

a outros indivíduos "num estado de anestesia do qual todas as idéias nocivas tendem a ser excluídas" (idem, p.96).

Para Marcuse, essa organização da repressão faz com que se percam os vínculos reais entre o indivíduo e a cultura.

Pacto Edípico e Pacto Social

Pellegrino, em 1983, avança em alguns aspectos na interpretação dessa relação entre indivíduo e cultura, tomando em consideração uma sociedade que se vê deteriorada pelo sistema de repressão apresentado por Marcuse. Para Marcuse, a racionalidade da repressão pode voltar-se contra o próprio eu, dependendo das formas de mais-repressão adotadas segundo o princípio de desempenho de uma dada sociedade.

Pellegrino, a partir da articulação entre as idéias de pacto edípico e pacto social, vai postular que as deficiências da civilização em cumprir o pacto social estabelecido por meio da repressão das pulsões agressivas provocam o retorno destas sob a forma de delinqüência e conduta anti-social. Em outras palavras, a destrutividade humana volta-se contra a própria sociedade.

O autor retoma as teses de Freud acerca do mito de Édipo para entender e descrever o processo de adaptação do indivíduo à cultura que passaria pela internalização da Lei reforçada por meio da constituição do sentimento de culpa durante os primeiros anos da infância (ontogênese).

Relembra-nos que Freud sustenta que entre os 3 e 5 anos de idade a criança encontra-se na fase fálica (genital infantil) de sua libido. No Édipo masculino, o menino deseja sexualmente a mãe e odeia o pai por entendê-lo como rival que impede sua satisfação sexual incestuosa. Então, quer possuir a mãe e matar o pai, "seja como rival, seja como representante da Lei da Cultura".

O Complexo de Édipo e sua superação representam a transcendência da infância pelo ser humano, de sua dependência e desejo pela mãe. Segundo Pellegrino, corresponde a um segundo nascimento. O menino descobre nessa época a diferença anatômica entre os sexos. Descobre que a menina e também a mãe não têm pênis. Movido pelo medo da castração (complexo de castração) que aparece como castigo em razão da rivalidade do menino com o pai, aquele vai internalizar a proibição do incesto e se identificar com os valores paternos. Esse processo tem sua gênese ligada à filogênese, ou seja, fundada no mito do parricídio da horda primordial, que teria instaurado a proibição do incesto e os tabus em relação ao pai morto (como já apresentado neste capítulo). Por meio desse processo o indivíduo torna-se parte da sociedade, incorporando seus valores que têm peso de Lei.

No entanto, toda Lei, para ser respeitada, precisa ser temida (repressão), mas a Lei imposta apenas pelo temor é uma lei perversa conforme observou Pellegrino (1983, p. 09):

> Só o amor e a liberdade, subordinado e transfigurando o temor, vão permitir uma verdadeira ... relação com a lei. A autêntica aceitação de interdito do incesto, de modo a torná-lo... capaz de estruturar uma identificação posterior com os ideais de cultura, só é possível na medida em que a criança seja amada e respeitada como pessoa, na sua peculiaridade, pelo pai e, antes dele, pela mãe. É o amor materno que funda a possibilidade, para a criança, de vencer a angústia de separação, tornando-se um ser – outro com respeito à mãe.

O complexo de Édipo vai proibir o incesto, mas permite outras escolhas. A Lei existe para estruturar o desejo, integrando-o à civilização. Conforme Pellegrino, o Édipo impõe o desejo incestuoso com o imperativo e, ao mesmo tempo, ele exige a interdição (que teria o valor de lei internalizada). Sob esta perspectiva, a Lei estaria a serviço de Eros.

Para Freud, como já descrito anteriormente, a civilização está alicerçada na renúncia pulsional, tanto erótica quanto agressiva. Sendo assim, civilizar significa reprimir, e essa repressão provoca o rancor do indivíduo (inconsciente) contra a própria civilização.

Segundo Pellegrino, Freud entende esse processo apenas do vértice intrínseco ao desenvolvimento civilizatório, não levando em consideração a injustiça social e historicamente constituída para mantê-lo.

ADOLESCENTES E JOVENS... EM AÇÃO! 75

Nesse ponto, Pellegrino se reporta à teoria de Marcuse e ao conceito de mais-repressão sustentado por este último para denunciar os modos de dominação da sociedade capitalista.

O complexo de Édipo implica num pacto com o pai e com a função paterna. Então, a criança tem de receber do Édipo o essencial para tornar-se sujeito e ser suficientemente preparada para identificar-se com os valores da cultura a que pertence.

A tensão entre indivíduo e civilização, segundo Pellegrino

A Lei da Cultura, centrada na renúncia dos impulsos sexuais, prepara os indivíduos para a vida adulta, a aceitação do pacto social estruturado por meio do trabalho. O trabalho é o elemento por intermédio do qual nos tornamos parte da sociedade humana. Desta forma, para Pellegrino, o pacto edipiano torna possível o pacto social, à medida que a proibição do incesto prepara o indivíduo para as renúncias exigidas pela sociedade.

Então, se a Lei da Cultura é um pacto que implica em deveres e direitos – portanto, de mão dupla – o pacto social também vai comportar direitos e deveres, necessariamente, de mão dupla. Sem essa reciprocidade estabelecida no pacto, é impossível sustentá-lo. O primeiro pacto sustenta o segundo e, por retroação, o segundo, confirma o primeiro. Sendo assim, a "má integração da Lei da Cultura, por conflitos familiares não resolvidos, pode gerar conduta anti-social, mas uma patologia social pode também ameaçar – ou mesmo quebrar – o pacto com a Lei do Pai" (idem, p.10). Nesta perspectiva, tanto a criança precisa de ganhos fundamentais, como o trabalhador quer a garantia de direitos inalienáveis. O trabalho e a renúncia que ele exige são da competência do trabalhador, ao passo que a sociedade teria de prover um retorno social capaz de compensar os sacrifícios e dedicação do trabalhador.

Nesta mesma medida, Pellegrino (idem, p.10) argumenta que se a Cultura não sustenta seus deveres sociais, ou seja, não oferece as condições de atenção às exigências mínimas de sobrevivência do indivíduo (trabalho e condições mínimas de integridade física, social e psíquica), esse mesmo indivíduo pode provocar o rompimento do pacto. Essa ruptura pode se dar pela via revolucionária: "Ele rompe com a sociedade, não para atacá-la cegamente, mas para transformá-la revolucionariamente, por meio da ação de massas". Essas condições não chegam a ser uma ruptura com a Lei da Cultura que pode trazer conseqüências desastrosas.

Se o pacto social torna-se injusto para com o indivíduo, a renúncia pulsional posta a serviço da civilização (trabalho) perde o significado. A satisfação pelo trabalho só é possível se os direitos dos trabalhadores forem minimamente respeitados, caso contrário, sua atividade torna-se sem sentido e pode provocar a ruptura com o pacto.

Essa ruptura pode fazer irromper retroativamente o pacto edípico. Fica destruído o representante do pai, a própria Lei da Cultura. Isso pode ocasionar como afirma Pellegrino (idem, p.04):

> Um tal desastre psíquico... o rompimento da barreira que impedia – em nome da Lei – a emergência dos impulsos delinqüenciais pré-edípicos, predatórios parricidas, homicidas e incestuosos... Tudo aquilo que ficou reprimido – ou suprimido – em nome do pacto com o pai, vem à tona, sob forma de conduta delinqüente e anti-social.

Para Pellegrino essa interpretação psicanalítica permite compreender o crescimento da violência e delinqüência no Brasil, fator já observado, pelo autor, na década de 1980. Pellegrino atribui a responsabilidade desse quadro ao capitalismo "selvagem" que contribui para a manutenção das classes dominantes despreocupadas com a desproporção entre o desenvolvimento econômico da sociedade e a expansão da miséria do povo. Uma questão, sem dúvida, que nos parece ainda bastante atual.

A cultura contemporânea: revisão crítica da literatura

Até aqui foram abordadas as relações entre indivíduo e sociedade a partir da concepção freudiana e da releitura proposta por Marcuse e Pellegrino. Antes de apontar como essa tensão se dá no mundo contemporâneo, apresento algumas reflexões sobre a cultura contemporânea.

ADOLESCENTES E JOVENS... EM AÇÃO! 77

O mundo atual apresenta-se marcado pela fugacidade. A construção das histórias de vida é fragmentada e desconexa; na verdade, flexível como a atual fase do capitalismo. Segundo a abordagem que Sennet (1999) faz dessa flexibilidade, é possível perceber a fragilidade no processo de subjetivação, observado no mundo contemporâneo, segundo o qual não há lugar para a culpa nem para uma responsabilidade "racional".

De acordo com Sennet (1999, p.24), ao se enfatizar as características do capitalismo atual como as do mercado global, das novas tecnologias, os líderes e jornalistas não percebem uma outra dimensão desta nova economia: a organização do tempo, sobretudo do tempo de trabalho cuja preocupação já era formulada por Marcuse. Não há metas a longo prazo. Essa nova organização, inclusive dos objetivos de vida do homem, causa impacto direto na relação familiar. A confiança, a lealdade e o compromisso mútuo necessários ao convívio comum e à satisfação dos membros de uma dada comunidade são sentimentos que tendem a desaparecer. "O esquema de curto prazo das instituições modernas limita o amadurecimento da confiança informal."

Na exigência por trabalhadores ágeis, abertos a mudanças, dependendo cada vez menos de leis e de procedimentos formais, a nova forma de controle ditada pelo capitalismo, segundo Sennet (idem, p.10), se faz presente, causando grande impacto no caráter pessoal. O autor encontra o significado de "caráter" na Antiguidade: "valor ético que atribuímos aos nossos próprios desejos e às nossas relações com os outros". Esclarece ainda que a formação do caráter pessoal demanda em longo prazo uma experiência por meio da qual reconstroem laços sociais marcados pelos sentimentos de lealdade e compromisso mútuo.

Atualmente, é possível identificar a maior queixa dos indivíduos: a falta de tempo, seja para a família, seja para o próprio trabalho, seja para si próprio. Os indivíduos são impulsionados pela economia e pela cultura imediatista, sem a possibilidade de planejamento futuro.

Nessa perspectiva, a questão do trabalho em equipe, tão valorizada atualmente, pode conter algumas armadilhas. Transposto inadvertidamente para as relações familiares, o trabalho em equipe, conforme Sennet, é destrutivo, demonstrando uma ausência de autoridade e li-

78 MÁRCIA APARECIDA BERTOLUCCI PRATTA

mites na criação dos filhos. Por receio de dizer não, alguns pais "ouvem muito bem", em vez de ditar leis. O que se vê como resultado dessa educação são muitas crianças desorientadas.

Essas contradições, inclusive entre família e trabalho, repercutem na própria existência humana. Dentre as questões levantadas por Sennet (idem, p.27), uma, em especial, coincide com as questões desse trabalho, por envolver perspectivas de educação e de futuro para os adolescentes (conseqüentemente, para a sociedade): "Como pode um ser humano desenvolver uma narrativa de identidade e história de vida numa sociedade composta de episódios e fragmentos?". Segundo Sennet, acontece, atualmente, justamente o oposto: a economia estimula a experiência à deriva – tanto do tempo, de como de lugar –, corroendo o caráter que permite aos indivíduos se ligarem uns aos outros, desenvolvendo as condições de sustentação da identidade dos indivíduos.

Para outros autores, a questão da flexibilidade é favorável ao desenvolvimento do indivíduo. Sennet utiliza as idéias de Stuart Mill que afirma que o comportamento flexível gera liberdade pessoal, pois a capacidade de mudança, de ser adaptável é uma qualidade do ser humano necessária para sua livre ação. No entanto, a economia trai o desejo pessoal de liberdade, produzindo novas estruturas de poder e controle. Uma das formas que o estágio atual do capitalismo utiliza para a dominação seria a *reinvenção descontínua das instituições*. Esse seria o meio utilizado para que o presente se torne descontínuo em relação ao passado, o que contribui para a implementação da hegemonia capitalista. Esse novo modo de organização do tempo possibilita a fragmentação, a flexibilidade, em nome da maior produtividade com o menor investimento.

São essas algumas características do chamado neoliberalismo[1]. Um

---

1   Conforme o *Dicionário Houaiss de Língua Portuguesa*, Neoliberalismo: doutrina proposta por economistas franceses, alemães e norte-americanos, na primeira metade do século XX, voltada para a adaptação dos princípios do liberalismo clássico às exigências de um Estado regulador e assistencialista, que deveria controlar parcialmente o funcionamento do mercado; doutrina, desenvolvida a partir da década de 1970, que defende a absoluta liberdade de mercado e uma restrição à intervenção estatal sobre a economia, só devendo esta ocorrer em setores imprescindíveis e ainda num grau mínimo.

ADOLESCENTES E JOVENS... EM AÇÃO! 79

Estado neoliberal (ou Estado mínimo) prioriza a extinção da política de protecionismo[2].

O Estado mínimo propõe reduções drásticas nos serviços essenciais prestados pelo governo, como educação, saúde, previdência social, transporte público, entre muitos outros. Decreta-se, assim, o fim do Estado de Bem-Estar Social que, em alguns países como o Brasil, sequer chegou a ser plenamente estabelecido.

O caminho encontrado para suprir essas reduções foi a privatização das estatais, com o discurso de que os programas assistencialistas não seriam extintos. Toda essa política de diminuição de custos prevê a aplicação de recursos nesses projetos de maior necessidade social. No entanto, os serviços públicos vêm sofrendo uma precarização, privilegiando o crescimento (e o lucro) do setor privado. Do que se pode observar nos serviços públicos de nosso País, as instituições são utilizadas tão somente para o controle das classes dominantes sobre o povo.

O discurso neoliberal "atribui à intervenção do Estado e à esfera pública todos os males sociais e econômicos de nossa atual situação e à livre iniciativa todas as virtudes que podem conduzir à regeneração e recuperação da democracia, da economia e da sociedade" (Gentili e Silva, 1994, p.11). Com esse discurso (incompetência do Estado), a idéia de que os problemas sociais pelos quais passam o ser humano (pobreza, desemprego etc.) são culpa dos próprios indivíduos é legitimada, ao mesmo tempo em que as contradições sociais multiplicam-se em todo o país e quiçá no mundo.

Podemos definir como globalização econômica "uma reestruturação da economia, da ciência e tecnologia e da cultura, no âmbito de uma transformação profunda da divisão internacional do trabalho" (idem, p.118).

Essas mudanças trouxeram excesso de mão-de-obra, um grande número de trabalhadores sem carteira assinada, o aumento da competição internacional, como indícios claros do surgimento de uma

---

2   Conforme o *Dicionário Eletrônico Houaiss da Língua Portuguesa*, Protecionismo: um conjunto de medidas que favorecem as atividades domésticas e penalizam a concorrência estrangeira.

nova economia: mais flexível sustentada pelo avanço dos meios de transporte e comunicação, envolvendo transformações no sistema de produção. A produção concentra-se onde a força de trabalho é mais barata, melhor capacitada e com uma política pública mais favorável: infra-estrutura, recursos, mercado e incentivos.

A nova economia global é mais fluida e flexível, com redes de poder múltiplo e mecanismos de tomada de decisões que se assemelham mais a uma teia de aranha que a uma pirâmide de poder estática que caracterizava a organização do sistema capitalista tradicional. Enquanto o sistema de educação pública na velha ordem capitalista estava orientado para a produção de sujeitos disciplinados e para uma força de trabalho bem treinada e confiável, a nova economia reclama trabalhadores com grande capacidade de aprender, capazes de trabalhar em equipe, não só de maneira disciplinada mas criativa. (idem, p.120)

Com essa afirmação faz-se necessário retomar a questão do trabalho em equipe, por meio do qual, o poder é, em tese, dividido. No entanto, atrás desse "nobre" ideal, esconde-se a armadilha de que os problemas são decorrentes da incompetência dos indivíduos do grupo. Na verdade, são disseminados valores individualistas de competição e competência, em detrimento de um sentimento de classe, de grupo.

A ocorrência dessas mudanças rápidas e intensas, nos quadros político, econômico e científico-tecnológico do final do milênio e início do século XXI, tem contribuído para que esse período seja permeado de contradições. Segundo Lipovetsky (1992), nas sociedades democráticas contemporâneas, essas contradições são cultivadas a partir de uma revitalização da ética, ao mesmo tempo em que incitam uma cultura que estimula os desejos imediatos e a felicidade baseada nos direitos subjetivos de natureza extremamente individualista.

Lypovetsky, em *O Crepúsculo do Dever* (1992, p.17), afirma que nesse estágio da sociedade se defende o "direito de a nada se dedicar", com perda dos valores familiares, religiosos, deveres sociais (típicos da fase moderna): "deixamos de reconhecer a obrigação de nos ligarmos a

ADOLESCENTES E JOVENS... EM AÇÃO! 81

qualquer coisa para além de nós próprios," afirma o autor. No entanto, essas manifestações não remetem propriamente a uma sociedade permissiva, mas ao avanço de:

> Duas maneiras antitéticas de considerar os valores, dois modos contraditórios de organizar o estado social individualista (...). De um lado, uma lógica flexível e dialogada, liberal e pragmática, apostada na construção gradual de limites, definindo princípios, integrando critérios múltiplos, instituindo derrogações e excepções. Do outro, dispositivos maniqueístas, lógicas estritamente binárias, argumentações mais doutrinárias do que realistas, mais preocupadas com o rigorismo ostensivo do que com progressos humanistas, com a repressão do que com a prevenção. (idem, p.18-9)

Essas contradições acabam contribuindo para a produção de condutas duais, pois ao mesmo tempo em que produzem integração, produzem exclusão; ao mesmo tempo em que produzem mais horror pela violência, banalizam a delinqüência, além de outras inúmeras incoerências. Temos, de um lado, a liberalização de toda e qualquer moral, e de outro, o excesso de cobrança ética. Contradições naturalizadas pelo senso comum, sem a produção de reflexão e questionamentos.

Há a emergência de um individualismo sem regras e a exclusão social e do trabalho. Multiplicam-se as famílias sem pai, os analfabetos, as gangues, a droga, a violência entre os jovens. O enaltecimento do desejo imediato e pelos fetiches parece levar a uma satisfação "vazia" de sentido e de culpa, necessária, como visto anteriormente, para a própria continuidade do indivíduo e da própria sociedade.

O indivíduo como categoria que se efetiva na modernidade, torna-se, segundo, Lipovetsky cada vez mais individualista e alienado. Posteriormente mistura-se à massa, perde a subjetividade, o sentido da sociedade e pode retornar à barbárie. Não à barbárie natural como Hobbes proclamava, com um sentido em si, mas um indivíduo vazio de sentido e com necessidade de autopreservação (narcísica) distorcida. O pacto social forjado e proclamado não chegou a atingir seu objetivo (sociedade justa e igualitária) e mais do que um sentimento de rompimento desse pacto, surge um sentimento de frustração. Todas as promessas e expectativas de solução dos problemas universais e liberdade sem limites, revertem-se agora em um descrédito no futuro.

Bauman (1998), para proceder à leitura do mundo atual, retoma as idéias de Freud e afirma que o *Mal-estar na civilização* (Freud, 1929) traduz a história da própria modernidade. Para Freud não há possibilidades, na vida em comunidade, de prazer e liberdade absoluta. O que é possível é um sistema de troca[3]: quando se ganha algo, perde-se algo em contrapartida.

Bauman sustenta que, assim como a cultura, a modernidade está baseada em três "princípios": beleza, limpeza e ordem. Esta última entendida como uma compulsão à repetição, como um regulamento a ser cumprido (lei). Não há, no entanto, uma tendência "natural" do indivíduo a conservar estas características, devendo ser obrigado a respeitar os princípios estabelecidos. Eis o preço: a limitação da liberdade sobre seus impulsos (sexuais e agressivos).

Mas hoje, o princípio do prazer, é entendido como "ataque" à liberdade do indivíduo. A liberdade individual assume um valor de referência para as normas e resoluções "supra-individuais" (cf. Bauman, 1998). Os ideais de beleza, pureza e ordem, são perseguidos e realizados por meio do desejo e esforços individuais. Estabeleceu-se a supremacia do prazer, que tem de ser obtido de forma cada vez mais intensa.

Mas, liberdade sem segurança acaba também não oferecendo felicidade ao indivíduo. O que o indivíduo consegue são momentos felizes e não o estado de satisfação que busca.

Neste ponto consideramos fundamental o esclarecimento sobre a construção da identidade humana, e utilizamos aqui, os pressupostos da teoria de Fábio Herrmann.

Herrmann (2001) desenvolve a teoria dos campos como forma de transcender o problema da diversidade de matrizes clínicas possíveis. Essa teoria baseia-se na procura da operação essencial da interpretação, de maneira a não excluir as psicanálises nascidas de diferentes matri-

---

3   Como visto anteriormente, Pellegrino denomina essa condição como um pacto, portanto, de mão dupla.

ADOLESCENTES E JOVENS... EM AÇÃO! 83

zes clínicas. A essência da teoria dos campos encontra-se, então, na valorização do método, como algo que precede a teoria. No desenvolvimento de sua teoria, Herrmann postula a fórmula *des/obede/serás*, que representa o caminho de construção da identidade humana. A identidade constrói-se por um conjunto de identificações. Segundo Herrmann, a garantia de representação de unidade e mesmidade leva à divisão dos atos entre típicos e marginais, próprios e ocasionais. O núcleo da fórmula – *obede* – exprime a coação e a conformidade.

A moralidade, no sentido em que empregamos este vocábulo, indica o estado resultante do projeto de familiarização excessivamente bem-acabado, que dá unidade final ao homem sujeitado às leis do quotidiano. Moralizado é o homem integrado na realidade. Dele se exige que se torne sempre idêntico a si mesmo. (Herrmann, 2001, p.147)

Para a Psicanálise, essa renúncia das próprias possibilidades de ser é atribuída à necessidade de o homem superar a violência dos instintos – egoísmo, sexualidade, agressão.

Uma vez domado o estado natural de egoísmo e selvageria, ou seja, quando submetido ao princípio de realidade, a compensação seria a própria vida em sociedade e a postergação das satisfações pulsionais, referindo-se às teses de Freud. Herrmann argumenta que, para que esse pensamento fosse correto, haveria a existência de um estado natural desregrado e a forma utilizada para conter a violência instintiva seria o campo da moral. Para o autor, o *obede* não está ligado à moralidade, e o sujeito não é um selvagem desregrado. Segundo Herrmann (idem, p.148):

A verdadeira extensão da renúncia imposta ao homem da moralidade não é apenas a que coíbe seus impulsos básicos, ele deve renunciar a tudo o que não é característico de si próprio, às diferenças entre seus movimentos emocionais concretos e a imagem exterior de si que recebe do outro; e, em geral, não é às emoções que renuncia, mas apenas à percepção das emoções.

Com estas afirmações, Herrmann (idem, p.149) postula que a idéia de que a cultura desbasta um indivíduo selvagem é falsa. O autor considera que tanto o mundo como o homem assumem o núcleo *obede* em comum, "na família, na escola e no trabalho, mas também na farra, no crime e na guerra". Ou seja, há uma coerência nas representações de identidade e de realidade, dando a sensação de que o sujeito está se moldando às necessidades objetivas externas.

O psicanalista Herrmann (1994) salienta três características do mal-estar na cultura contemporânea: perda da substância histórica do contato interpessoal, equalização cultural em torno de uma civilização de meios em produção acelerada e falta de credibilidade do cotidiano, condições que convergem, a seu ver, para promover a grande crise da representação da realidade.

As pressões do cotidiano na sociedade atual contribuem para o aumento da incidência das chamadas doenças comportamentais: estresse, depressão, dependência química. "Eu não tô nem aí!": lema que irrompe na sociedade contemporânea e traz conseqüências para a própria sociedade e para seus indivíduos.

Oliveira (1984 e 2003) apropria-se da teoria de Herrmann para aprofundar pesquisas relacionadas à questão da contestação e da rebeldia adolescente. Sua pesquisa possibilitou a constatação da importância da rebeldia na construção da obediência, relacionando-o ao processo de representação e manutenção da identidade – e de submissão ao projeto educacional. Nesse sentido, a autora afirma que a rebeldia deixa de ser uma qualificação para condutas opositoras e passa a ser considerada como experiência necessária para a adesão ao projeto educacional.

Oliveira (2003) utiliza a figura abaixo para melhor representar a fórmula proposta por Herrmann:

ADOLESCENTES E JOVENS... EM AÇÃO! 85

Para o autor, a educação é regida pelos princípios do *des/obede/serás*, pois o processo de familiarização educa o homem pelas experiências corrigidas (des), levando-o sempre à direção prevista (obede), por uma produção de ser de uma maneira e não de outra (serás).

Segundo Herrmann (idem, p.150), o prefixo *des* da fórmula representa a revolta instintiva, que passa pela rebeldia adolescente contra os costumes estabelecidos e se estende até o questionamento metafísico. "É que a soma dos contrários representa o verdadeiro caminho a seguir, nas ruas como na vida."

Assim, o *des* garante o *obede,* sendo a condição para sua aquisição. *Serás* indica que o núcleo identitário se expressa como resultado de uma série de oposições. Ou seja, para ser, é preciso contestar suas próprias identificações e encontrar assim sua identidade. Sendo assim, o caminho em direção à construção da moralidade passa pela rebeldia. A exceção é tomada como uma incoerência, não devendo ser tomada como algo que conduz ao caos: "significando des/ordem; pois se trata apenas de outra regra, a de exceção" (Oliveira, 1984, p.156).

O prefixo *des* da fórmula significa revolta, no entanto, não produz um ser pré-formado, mas conforma-o, por isso o terceiro elemento da fórmula: *serás*. A fórmula de Herrmann seria a ordem da constituição subjetiva. "Tanto a identificação com o que me represento como a ruptura com tal representação em busca de outra têm sua vigência completa no futuro." (idem, p.156), por isso é encarnada de forma diferente por cada um.

As manifestações que estão presentes na sociedade hoje e que, de certa forma, estão sendo exacerbadas pelos adolescentes, estão refletindo o mal-estar contemporâneo do próprio indivíduo e da sociedade como um todo. Amaral (2001, p.37) contextualiza as reflexões de Herrmann no âmbito da produção de alguns pensadores modernos:

> Basta voltarmos nosso olhar para a guerra sem limites ensejada pelos EUA contra o terrorismo; um conflito movido pela desrazão presente tanto no fanatismo terrorista, como em um sistema econômico-militar sustentado pelos países ricos que tende a fazer engrossar as fileiras das

misérias – econômica e espiritual – mundiais. Questões tão candentes na atualidade foram tratadas com maestria pelo poeta Eliot, e concebidas pelos filósofos identificados com a Escola de Frankfurt, Walter Benjamim e Theodor W. Adorno, como sendo a barbárie dos tempos modernos. No domínio psíquico, Fábio Herrmann o teria anunciado como a "desrealização do real", ou a perda da "substancialidade das representações sociais".

Segundo Amaral (2001), é "a realização escarninha na esfera da cultura daquilo que fora denunciado como sintoma do indivíduo semicultivado e que um dia tornou possível o holocausto". Amaral (2001) apóia-se em autores como Adorno e Horkheimer (1985), que afirmam que o indivíduo semicultivado ameaça invadir toda a esfera da cultura, por meio de um sistema alucinatório, e tomar posse de uma experiência que não alcança. Sobre esse aspecto, Amaral questiona se os atos de violência cometidos por adolescentes na Febem não são uma conseqüência "da farsa convertida em ato", que Herrmann nomeia como "desrealização delirante do real".

Pode-se concluir, pelas teorias apresentadas no decorrer deste capítulo, que a cultura foi mudando durante o percurso da história da humanidade, e em cada momento histórico, as tendências regressivas da sociedade e do indivíduo manifestaram-se de diferentes formas, num eterno conflito entre Eros e Thânatos. Percebe-se que esse conflito é necessário, inclusive para a sobrevivência do próprio indivíduo, e pode ser utilizado de forma a garantir a compensação na forma social e subjetiva da renúncia de suas pulsões. Todavia, observa-se que as tendências culturais têm causado efeitos prejudiciais para a constituição da identidade e do próprio sujeito. Esses efeitos parecem ser denunciados pelos adolescentes por meio de suas "atuações" (ou *acting outs*), que é o nosso recorte para entender nossa própria história. O que as instituições têm propiciado, ou de que forma vêm educando nossos jovens hoje? Esse é o tema dos próximos capítulos.

3
ADOLESCÊNCIA

(...) gostaria que existisse idade alguma
entre os 16 e 23 anos ou
que os jovens dormissem todo este tempo;
pois nada existe nesse meio tempo senão
promiscuidade com crianças,
ultraje com os anciãos, roubos e brigas.

Shakespeare, *Um conto de inverno*

Em busca do conceito de adolescência

Muitas tentativas de conceituação sobre adolescência já foram produzidas, porém, nenhuma delas conclusiva a ponto de contemplar o caráter biopsicossocial e fenomenológico que considere seu pleno desenvolvimento e que forneça elementos para uma ação educativa capaz de romper com o caráter ideológico que a educação vem assumindo no plano institucional (escola, família, creches). Também não é essa a nossa pretensão, uma vez que o conceito de adolescência traz consigo muito mais um caráter cultural e, portanto, variável do que características universais inalteráveis.

Etimologicamente falando adolescência provém do verbo *"adolescere"* que significa brotar, fazer-se grande. A adolescência tem sido objeto de investigação em diversos campos do conhecimento, sobretudo nos campos da Saúde e Educação, principalmente em função da associação de fenômenos contemporâneos a estes campos de conhecimento, tais como: gravidez precoce, violência, dificuldades de aprendizagem, consumo de drogas, indisciplina etc.

Segundo Corti (2005), apesar de as palavras adolescente e juventude terem significados distintos mesmo que superpostos, são usadas, muitas vezes, como sinônimos.

Segundo a Organização Mundial da Saúde (OMS), o conceito de adolescência (definido em 1974) corresponde a um período em que:

• o indivíduo passa do ponto do aparecimento inicial dos caracteres sexuais secundários para a maturidade sexual;

• os processos psicológicos do indivíduo e as formas de identificação evoluem da fase infantil para a adulta;

• a transição do estado de dependência econômica total passa a outro de relativa independência.

Embora, de acordo com essa conceituação, a OMS não estabeleça limites específicos, entende a adolescência em suas implicações psicológicas, sociais e biológicas, considerando o período de adolescência como aquele compreendido entre os 10 e 19 anos de idade, e a condição de jovens para indivíduos da faixa etária entre 15 e 24 anos. O Estatuto da Criança e do Adolescente (ECA) define que a adolescência começa aos 12 e vai até os 18 anos quando acontecem diversas mudanças físicas, psicológicas e comportamentais. Neste documento a ênfase recai sobre a adolescência, sendo que a juventude não é mencionada. Essas são algumas das inconsistências, que ao mesmo tempo que produzem, tornam-se produto das oscilações que caracterizam a adolescência biológica e culturalmente. Para Corti (2005, p.12), as diferenças entre adolescência e juventude existem em termos conceituais e etários, demonstrando que ambos possuem naturezas distintas.

A juventude costuma ser uma categoria social representada pelo vínculo entre indivíduos de uma mesma geração, representada pelo vínculo social específico, e a adolescência, um processo mais individual e subjetivo, ligado às transformações físicas e psíquicas dos indivíduos.

ADOLESCENTES E JOVENS... EM AÇÃO! 89

Com esta distinção entre as duas categorias, Corti (2005) explica o interesse da Sociologia pela categoria juventude e a preocupação da Psicologia com o período da adolescência.

Mas é comum a utilização dos conceitos como sinônimos. Durante o trabalho isso poderá ser percebido, pois os termos serão empregados conforme citação dos autores utilizados. Seria interessante ressaltar que algumas colocações como a encontrada, por exemplo, no IBGE já apresentam as seguintes superposições: "crianças de 7 a 17 anos". Este "novo" fenômeno será comentado ainda neste capítulo que aponta além da diminuição da idade para a entrada na adolescência, o prolongamento do término da mesma. Conforme Corti (idem, p.11):

> A Organização das Nações Unidas (ONU) define como jovens as pessoas entre 15 e 24 anos (no Fórum Mundial da Juventude, em 2001, houve uma solicitação para que se estendesse a definição aos 30 anos, a fim de que os países pudessem enfrentar mais adequadamente os desafios colocados às suas populações jovens).

Atualmente a adolescência é considerada um período no processo de desenvolvimento do ser humano marcado pela transição do estado infantil para a fase adulta. Muitas vezes confundida com puberdade que está relacionada com a transformação de aspectos físicos, a adolescência abrange aspectos biopsicossociais. Neste caso, as características psicológicas, as manifestações comportamentais e a adaptação social têm sido interpretadas como vinculadas à cultura e ao tipo de sociedade em que ela acontece. Conforme Jeammet e Corcos (2005, p.33), o período da adolescência traz para o indivíduo um impacto em sua economia psíquica em duas dimensões: a somatopsíquica – ligada às transformações biológicas "com acesso a uma maturidade psíquica que autoriza as relações sexuais completas e a possibilidade de reprodução"– e a simbólico-cultural – relacionada à mudança do *status* social. Para os psicanalistas "trata-se, portanto, de um fenômeno natural, fruto inelutável da maturação biológica do ser humano, mas cuja incidência será também forte e necessariamente cultural."

Observa-se, nesse sentido, que a conceituação de adolescência na realidade tem limites pouco definidos, estando sujeita ao contexto histórico e cultural em que estiver inserida.

Levisky (1995, p.16) observa, a despeito deste caráter histórico e cultural do conceito de adolescência, que em cada época a sociedade valoriza mais uma idade do que outra:

> A sociedade tende a se organizar em torno de regras, leis, costumes e tradições que, por meio da cultura, se perpetuam como valores grupais comumente aceitos por seus integrantes. Neste sentido, as sociedades estabelecem os elementos que definem os *status* infantil e adulto, bem como a modalidade de resolução desta transição.

Apesar da valorização dessa faixa etária no século XX – que ainda pode ser percebida no início do século XXI –, ainda há muitas incógnitas acerca do conceito e da constituição da adolescência tal como a percebemos atualmente. Para melhor entendimento de seu papel e de seu lugar na contemporaneidade, optou-se por realizar um resgate histórico do conceito de adolescência, bem como dos fatores que o determinaram em cada período apresentado.

Evolução do conceito de adolescência

A noção de adolescência tem sua raiz na Grécia Antiga, embora o conceito de adolescência, propriamente dito, seja relativamente recente na história da civilização, conforme afirma Ariès (1981a). Aristóteles considerava os adolescentes como: "Apaixonados, irascíveis, capazes de serem arrebatados por seus impulsos, (...) [ainda que tenham] altas aspirações (...). Se o jovem comete uma falta é sempre no lado do excesso e do exagero, uma vez que eles levam todas as coisas longe demais" (idem, p.18-9). Essa citação já apresenta algumas características tidas como universais no processo de desenvolvimento do ser humano, ainda considerada atualmente, tipicamente relativa à faixa etária socialmente estabelecida como adolescência.

ADOLESCENTES E JOVENS... EM AÇÃO! 91

Durante o Império Romano (século I d.C. no ano de 476), não havia um marco de separação entre a criança e o adolescente. O pai decidia a hora do impúbere abandonar as vestes de criança e tomar as vestes de homem. Quando nascia uma criança, esta precisava de início ser aceita pelo pai. Assim que nascia, a criança era entregue a uma nutriz que se tornava responsável pela educação da criança. Essa educação era extremamente rígida e tinha por objetivo a formação do caráter. Aos 17 anos, o jovem[1] podia entrar para a carreira pública (exército).

Em meados do século XVI, inicia-se uma diferenciação entre *enfant, jeunesse* e *vieillesse* (infância, juventude e velhice). Juventude significava "força da idade", referindo-se a uma idade mais tardia. A adolescência foi confundida com a infância até o século XVIII.

Ariès mostra que na Idade Média, na França, as palavras *puer* e *adolescens*, oriundas do latim, eram usadas indiferentemente. Adotava-se como expressão fundamental a palavra *enfants* (crianças).

O jovem entrava no mundo adulto por meio da barbatoria (cerimônia do primeiro barbear). O pêlo era a prova de que a criança se tornara adulto. A partir de então, era cultivada a qualidade da agressividade. A educação tinha o objetivo de formar o guerreiro, que era preparado para exercer sua virilidade para matar ou morrer, se preciso.

A palavra *enfant*, no final da Idade Média designava tanto o *putto* (criancinhas nuas) quanto o adolescente. Este último era entendido como um menino grande e às vezes mal-educado. A palavra *gars*, da língua francesa, também conservou essa ambigüidade. Ariès, ao discorrer sobre essa ambigüidade, apresenta textos interessantes para o presente trabalho, pois a exemplo do que já foi colocado a respeito da tipologia desta idade, desde a Grécia antiga algumas características aparecem como constantes durante as diferentes épocas.

Tão desleal e tão perverso, que não queria aprender um ofício nem se comportar como convinha à infância (...) provocavam rixas nas tavernas e os bordéis, e jamais encontravam uma mulher sozinha sem a violar

---

1 Percebe-se que a noção de adolescente, jovem e infância vão confundir-se em diversos momentos da História.

(...) outra criança de 15 anos: embora fosse um menino bom e gracioso, recusava-se a montar a cavalo. (idem, p.42)

Apesar de o olhar do "adulto" daquela sociedade ver no indivíduo de 15 anos uma criança, discorre sobre suas alterações de comportamento, – em particular, com o surgimento da rebeldia –, também percebidas nos dias atuais. Alguns autores afirmam, como será abordado adiante, que essas oscilações de comportamento dos adolescentes, assim como os olhares do adulto sobre eles são uma característica universal do próprio adolescente.

Com relação à constituição e papel da família durante esse período, Pôster (1965) afirma que havia um predomínio da família camponesa. Nesta organização familiar, a concepção fundamental era a da linhagem, e as crianças assim que não precisassem mais de cuidados básicos, eram misturadas aos adultos.

A partir do século XVII, surgiu um novo hábito entre a burguesia e a palavra infância restringiu-se a seu sentido moderno. Essas mudanças provocaram também mudanças na função da família. O sentimento de família, desconhecido na Idade Média, emerge juntamente com o sentimento de infância. Esse sentimento vai aparecer, conforme Àries, em oposição à idéia de linhagem, passando a predominar a ligação à casa, à vida na casa. Com o enfraquecimento da linhagem, a mulher começa a perder espaço tornando-se submissa, juntamente com os filhos, à autoridade do marido. A família passou a recusar-se a se separar dos bebês e torna-se o lugar de afeição necessária entre os cônjuges e entre pais e filhos. A autoridade é exercida primordialmente pelo pai, sustentada na moralidade. Inicia-se uma valorização da privacidade doméstica, o cultivo do amor entre seus membros e passa a ser reconhecida como um valor e exaltada por todas as forças da emoção, conforme Ariès (1981a). O significado psicológico da família apóia-se nas relações de proteção e repressão ou de autoridade e amor, por meio das figuras dos pais e, por essas relações, define o tipo de relacionamento afetivo entre os membros.

Com as mudanças socioeconômicas ocorridas no século XVIII (industrialização, ascensão da burguesia), a escola assumiu o papel de "preparação para a vida"[2] e de disciplinadora. O caráter disciplinador da escola se deu pelo fato de a sociedade da época admitir que as crianças não estavam prontas para a vida, para unir-se aos adultos, devendo, portanto, ser submetidas a "um regime especial, a uma espécie de quarentena." (idem, p.277). Desta forma, a criança separou-se do adulto por meio da escola e esse movimento modifica os moldes da sociedade da época, juntamente com as transformações ocorridas na função da família. A família assumiu a função moral e espiritual, deixando de ser somente uma instituição de transmissão de bens e do nome. A escola passou a contemplar a formação moral e a preparação para a vida, assumindo para si a tarefa de moralização dos indivíduos.

Nos séculos XVII e XVIII, as pessoas de 10 a 25 anos (crianças e jovens), freqüentavam a mesma classe escolar, sem discriminação de atividades relacionadas ao momento de desenvolvimento. Tanto crianças como adolescentes eram expostos a cenas de violência e sexo, pois a visão da época é que aqueles eram indiferentes a estas situações. A escola e o exército tiveram papel fundamental para a mudança deste quadro e para o início da noção de adolescência como transição entre o "menino" e o "homem".

Mas a escola permitiu também que a noção de idade e de infância assumisse uma dimensão mais significativa. Nesse período, o conceito de infância passou igualmente a se caracterizar por sua longa duração. Conforme Ariès (1981a), a longa duração da infância provinha da indiferença pelos fenômenos biológicos. A idéia de infância estava limitada à questão da dependência; então, só saía da infância quem se tornava independente economicamente. Até o século XVIII, a escola funcionava como uma instituição para abrigar estudantes pobres e não como instituição de ensino. Progressivamente, as exigências do século XVIII inspiraram um movimento disciplinador cuja intensidade

---

2   Esta expressão é também fortemente utilizada pela pedagogia e políticas educacionais atuais, porém, antes o "método" era rígido, com severas repressões moralistas. Hoje, o "método" é praticamente oposto, ou seja, permeado por uma intensa liberdade e o conteúdo deve ser adequado à realidade e à necessidade do aluno, de acordo com seu interesse.

transformou a escola da época em um colégio encarregado do ensino, da vigilância e do "enquadramento" da juventude.

> Começou então um longo processo de enclausuramento das crianças (como dos loucos, dos pobres e das prostitutas) que se estenderia até os nossos dias, e ao qual se dá o nome de escolarização. (idem, p.11)

A escola foi organizada a partir de três princípios fundamentais: vigilância permanente, obrigação de denunciar e imposição de castigos corporais. Seu papel, juntamente com o da família, era o de "arrancar" a criança do mundo adulto e prolongar a infância. É também a partir da constituição da família burguesa que os pais se constituirão como principais educadores, seguidos da escola.

Mais adiante, poderá ser visto como a escola ainda tem este papel de controle disciplinador que, ao mesmo tempo, assume a responsabilidade pelo prolongamento da adolescência.

O primeiro passo desse movimento (escolarização) foi separar as crianças menores das mais velhas, permitindo a identificação de uma fase cronologicamente posterior à infância, de preparação à vida adulta: a adolescência.

Processo semelhante ao da escola ocorreu entre os oficiais no exército do século XVIII. Na modernidade, foi configurado o caráter compulsório do serviço militar, transformando-o em dever para todos os jovens do sexo masculino. Os jovens já desenvolviam atividades produtivas quando entravam para a vida militar, o que fazia desta, mais uma etapa de emancipação individual. No entanto, para os jovens estudantes, o serviço militar trazia um peso de iniciação no mundo adulto. Então, para as hierarquias inferiores, a configuração de adolescência (ou juventude) somente seria revertida após a Primeira Guerra Mundial. Daí em diante, a adolescência expandir-se-ia, conquistando espaços antes da infância e da maturidade.

> A consciência da juventude tornou-se um fenômeno geral e banal após a guerra de 1914, em que os combatentes da frente de batalha se opuseram em massa às velhas gerações da retaguarda. Daí para frente, a

ADOLESCENTES E JOVENS... EM AÇÃO! 95

adolescência se expandiria, empurrando a infância para trás e a maturidade para a frente. Passamos de uma época sem adolescência a uma época em que a adolescência é a idade favorita. Deseja-se chegar a ela cedo e nela permanecer por muito tempo. (idem, p.47)

Assim, a adolescência surge mais nitidamente no final do século XIX e início do século XX. Reis e Zioni (1993) afirmam que a adolescência teve, na escola e no exército, seus elementos concretos de formação. Os autores apontam ainda que foi por meio da observação dessas duas instituições que a sociedade moderna pôde compor a adolescência como uma nova realidade psicológica.

A juventude no século XVII representa para a sociedade o mesmo que a adolescência no mundo contemporâneo. Na época, tornou-se um tema literário e uma preocupação dos moralistas e dos políticos. O interesse científico pela adolescência surgiu juntamente com o movimento de moralização dos costumes a partir do século XIX. Esse grupo etário passou a chamar a atenção quando surgiram problemas sociológicos como o surgimento do abandono e da criminalidade juvenil (cf. Flitner, 1968 apud Santos, 2003). Corti (2005) sustenta que as novas formas de relações e valores sociais instaurados com a modernidade influenciaram profundamente o papel do jovem. Segunda a autora:

No início da Idade Moderna, assim como na Idade Antiga e Média, os jovens que apareciam enquanto tal pertenciam sobretudo às classes sociais mais abastadas, nesse caso, a burguesia. (idem, p.17)

No Brasil essa evidência pôde ser notada de maneira ainda mais clara.

Constituição da Adolescência no Brasil

(...) nos ensaios do mando senhorial e na obediência do trabalho escravo a expansão dos tempos de vida. É assim que o filho do Senhor de Engenho, chamado de menino diabo, até os 10 anos exercitava-se, por

> *meio de jogos brutais, nos exercícios do jugo, enquanto o filho do escravo ensaiava, nas cozinhas das casas grandes, o exercício da escravidão. A partir dos 10 e 12 anos entravam ambos, cada qual com sua sina, no mundo dos adultos.*
>
> Reis, 1993, p.475

Pelas características históricas da formação do Brasil – que não cabem aqui retomar – mas que marcam ainda hoje a trajetória deste grande país, que parece ainda em busca de uma identidade, o processo de constituição da adolescência foi ainda mais lento e ligado às características de sua formação social.

As distinções entre os tempos de vida ocorreram quase no beiral do século XX, com determinações diferentes da Europa, apesar de conservar características gerais semelhantes.

Durante o século XIX, como já observado, na Europa, o sentimento de infância e a distinção do período da adolescência já haviam despontado. No Brasil, a criança escrava tinha sua infância interrompida desde os cinco anos de idade quando iniciava suas tarefas servis. Os meninos livres, conforme Freyre (1966), vestiam-se como homens feitos desde os nove anos com a tarefa de se civilizarem o mais rápido possível. Até então, apenas a elite brasileira tinha acesso à educação. Os trabalhadores, quando conseguiam freqüentar os colégios, o faziam apenas durante as séries iniciais. O processo de seletividade era o próprio método tradicional, conteudista, disciplinador e rígido, baseado na pedagogia jesuítica. A necessidade de organização do exército, observado na Europa, não teve reflexo no Brasil, cuja economia baseada na agricultura e a escravidão estimulavam outros sentimentos.

Entre as mulheres, o costume era se casarem cedo, aos 12 ou 13 anos. Em algumas situações, os aristocratas escravagistas permitiam que suas filhas se casassem aos oito anos de idade. As meninas desconheciam a instituição escolar, pois sua função era aguardar o casamento e servir ao seu "senhor". A família patriarcal exigia que a função paterna fosse exercida com tirania, sendo substituída posteriormente pela figura do marido. Com este tipo de educação, as meninas tornavam-se senhoras aos dezoito anos com aparência envelhecida, apesar de ornamentadas de ouro, braceletes e pentes (cf. Freyre, 1966). O envelhecimento precoce das brasileiras devia-se, também, à higiene escassa, à alimentação desequilibrada, à maternidade precoce e desassistida e à indolência que o sistema social escravocrata, da época, impunha como norma à mulher.

Quanto à menina escrava, enquanto propriedade, era vista segundo sua capacidade de gerar novas "crias" para seus proprietários. Esse interesse econômico favorecia uma vida sexual precoce e promíscua para as meninas negras.

Dos escravos desembarcados no mercado do Valongo, no Rio de Janeiro do início do século XIX, 4% eram crianças. Destas, apenas 1/3 sobrevivia até os 10 anos. A partir dos 4 anos, muitas delas já trabalhavam com os pais ou sozinhas, pois perder-se de seus genitores era coisa comum. Aos 12 anos, o valor de mercado das crianças já tinha dobrado. E por quê? Pois considerava-se que seu adestramento já estava concluído e nas listas dos inventários já aparecem com sua designação estabelecida: Chico "roça", João "pastor", Ana "mucama", transformados em pequenas e precoces máquinas de trabalho. (Priore, 2005, p.4)

As crianças negras eram tratadas como animais, como força de trabalho e produto rentável. Durante o século XIX, a sociedade brasileira ainda se caracterizava pela auto-suficiência da propriedade rural. O meio urbano era um prolongamento da vida no campo, uma vez que todos os utensílios domésticos e objetos pessoais eram fabricados dentro da própria residência. Conforme Reis e Zioni (1993), era perpetuado um modo de vida colonial que criava na figura do agregado, "parentes", no lugar de cidadãos. Essas características começaram a se apresentar como contrárias à conjuntura econômico-social dos meados do século XIX.

O movimento higienista, por exemplo, teve forte influência sobre as mudanças de organização social e, conseqüentemente, de criação de um novo modelo de família. Higiene entendida como ciência médica que dita novos preceitos e novas regras sobre hábitos de convivência. Seu alvo principal foi a mulher, uma vez que, envolvida com os deveres da casa, descuidava-se da prole que ficava sob os cuidados dos escravos. Este tipo de relação familiar começa a ser questionado. O Estado brasileiro que começa a ser moldado utilizou o processo de higienização que o modelo escravocrata não teria condições de disseminar: os novos valores necessários para a formação de uma unidade nacional que substituísse o modelo colonial, pelo modelo agroexportador com condições para competir no comércio internacional. A luta pela higiene da casa higiênica foi um dos triunfos médicos em favor da mulher e das crianças.

A mulher passou a representar um papel materno cujo sentimento de amor mútuo foi fortalecido. A família passou a desempenhar o papel educador para a vida pública.

A higiene forneceu, portanto, modelo e argumento para que houvesse uma separação entre o *domus* e a *polis*, imprimindo a necessidade de construção de um elo de transição que ligasse a vida doméstica à vida pública, à vida econômica e política. Esta passagem era, necessariamente, um tempo de preparação, durante o qual a criança brasileira se desprendia dos braços maternos antes de ingressar no mundo adulto. (Reis, 1993, p.476)

Este é o início do processo de emergência da figura do adolescente no Brasil: em primeiro lugar foi o processo – de origem social – que permitiu que a mulher e a criança se tornassem entidades passíveis de investigação e cuidados. A seguir, o interesse pelo campo materno-infantil propiciou a emergência da adolescência ao cindir a vida pública da vida doméstica.

Mas, a sociedade ainda trazia traços de sua história escravagista. Com a expansão urbana no início do século, principalmente em cidades como São Paulo, os jovens (negros e mestiços) agora livres, encheram as ruas sendo cunhados de vagabundos. Segundo Priore (1999), os primeiros vagabundos eram recrutados para trabalhar como intermediários entre os jesuítas e as crianças indígenas, ou grumetes nas embarcações intercontinentais. Desde o século XVIII, com o fim da euforia da mineração, as crianças provenientes de lares de mulheres forras já perambulavam pelas ruas, vivendo de "bicos" e esmolas.

ADOLESCENTES E JOVENS... EM AÇÃO! **99**

As primeiras estatísticas criminais, elaboradas em 1900, já revelam que esses filhos da rua, então chamados de pivetes, eram responsáveis por furtos, gatunagem, vadiagem e ferimentos, tendo na malícia e na esperteza as principais armas de sobrevivência. Hoje, quando interrogados pelo serviço social do Estado, dizem com suas palavras, o que já sabemos desde o início do século: a rua é um meio de vida! (Priore, 2005, p.5)

A esse cenário junta-se a imigração, no final do século XIX, de crianças que tinham histórias de trabalho fabril. Essas crianças foram "acolhidas" não pelo processo educacional, mas a título de substituição do trabalho escravo e com baixo custo. Eles passavam 11 horas nas máquinas de tecelagem com direito a 20 minutos de "descanso", conforme Priore (1999). A criança entrou diretamente no mundo adulto, sem muitas vezes, perspectivas de futuro, incentivada por instituições como as escolas, a Igreja, os asilos e, posteriormente, Febens e Funabens.

Uma das características que permanece no início do século (quiçá, até o mundo atual), e que foi utilizada pelas instituições acima citadas, no vil cumprimento de seu papel social, diz respeito à forma com que as crianças e adolescentes são tratados. Segundo Priore (1999), "foi entre pais, mestres, senhores e patrões, que pequenos corpos dobraram-se à violência, às humilhações, à força quanto foram amparados pela ternura dos sentimentos familiares os mais afetuosos." Acrescenta, ainda, que:

O que restou da voz dos pequenos? O desenho das fardas com que lutaram contra o inimigo carregando pólvora para as canhoneiras brasileiras, na Guerra do Paraguai; as fotografias tiradas quando da passagem de um "photographo" pelas extensas fazendas de café; o registro de suas brincadeiras, severamente punidas, entre as máquinas de tecelagem; as fugas da Febem. (idem, p.6)

Essas situações, juntamente com a evolução do capitalismo e das necessidades econômicas, fizeram com que as relações das crianças e adolescentes com os adultos fossem repensadas.

No entanto, percebe-se ainda que não tem havido significativos avanços na qualidade dessas relações, como pode ser visto, mesmo em uma época de maior permissividade por parte de pais e sociedade, e de avanços legislativos (Estatuto da Criança e do Adolescente). A questão social, ainda em pauta, talvez seja um dos propulsores da perpetuação de tal impasse entre o mundo dos jovens e o mundo adulto.

Foram criadas instituições de confinamento a fim de transformar as crianças e adolescentes, em vez de encontrar mecanismos de integração. A criança e o adolescente "não ideal" acharam os estigmas definitivos de sua exclusão.

No Rio de Janeiro, foi fundado em 1899 o Instituto de Proteção e Assistência à Infância, e o Instituto Disciplinar de São Paulo, em 1902. O objetivo dessas instituições baseava-se no discurso de retirada das crianças pobres e desamparadas das ruas a fim de educá-las. A educação, ao lado do trabalho, já era considerada alternativa para a delinqüência, conforme Cavalcanti (2000).

A ciência inicia sua preocupação acerca da infância e da adolescência sob a ótica dos fenômenos sociais da criminalidade. Essa evolução permitiu a sustentação dos objetivos educacionais e a formulação de programas que pudessem favorecer uma assistência "ressocializadora" e educativa, voltada para a integração dos menores na sociedade, conforme Cavalcanti (2000). Neste sentido, as investidas governamentais e de instituições não-governamentais atuais – bolsa escola, bolsa família e outros projetos sociais – parecem proceder à reedição do contexto social e político do início do século.

A adolescência no século XX: movimentos culturais

O século XX ficou conhecido como a *"Era dos Extremos"* (Hobsbawm, 1995), com revoluções na comunicação, na imagem, no entretenimento, no consumo, ao mesmo tempo que marcado pelas duas grandes guerras, violência, miséria e preconceitos. Esses reflexos foram sentidos em todo o mundo, inclusive no Brasil.

ADOLESCENTES E JOVENS... EM AÇÃO! 101

Essas contradições influenciaram a própria estrutura capitalista em transformação, a cultura e, conseqüentemente, a subjetividade do indivíduo. A adolescência, por suas contribuições para a constituição desta subjetividade, ou seja, na formação da identidade do indivíduo, como foi visto, a partir da cultura em que está inserida, desempenha um papel primordial nas transformações ocorridas durante o século XX. Este ficou conhecido também como o século da adolescência, não somente pelas transformações que ela consegue provocar nos rumos da História, mas principalmente pelos movimentos da década de 1960 e por seu potencial de consumo.

No capítulo anterior, foi possível observar como se deu a evolução da tensão entre indivíduo e sociedade bem como as formas de repressão que a sociedade utiliza para "conter" os impulsos dos indivíduos. Também pôde ser visto em que medida os instrumentos utilizados pela sociedade têm causado danos à subjetividade e à própria convivência social. Nesse aspecto, a modificação da estrutura familiar e das relações entre seus membros contribuíram significativamente para a constituição do adolescente – e do próprio indivíduo – durante o século XX.

Conforme Hobsbawn (1995), nas primeiras décadas do século XX, ocorreu o aumento dos divórcios, dos nascimentos ilegítimos e das famílias com um só dos pais (notadamente por mães solteiras) em todo o mundo. Essas circunstâncias vão indicar, segundo Hobsbawm (1995), uma crise na relação entre os sexos. Para o autor, a expansão de uma cultura juvenil específica também indica outra crise – a da relação entre as gerações. A juventude assume um papel de agente social independente.

No Brasil, a estrutura social permitiu que a maioria da juventude não tivesse acesso à educação, sequer, à família, entrando no mundo adulto muito precocemente, além, de carregar os estigmas de "vagabundo" e delinqüente. A elite, por sua vez, preparava seus jovens para assumirem os postos de poder e "controle" da sociedade brasileira. Eram formados médicos e advogados nas escassas universidades do país, ou, muitas vezes, em faculdades da Europa. No entanto, esses mesmos jovens, iniciaram o desencadeamento de movimentos culturais que iriam marcar o "breve século XX", para usar uma das

102 MÁRCIA APARECIDA BERTOLUCCI PRATTA

expressões de Hobsbawm (1995) quando se refere ao poder da contestação juvenil.

Foracchi (1977), em seu livro *O estudante e a transformação da sociedade brasileira*, realiza uma análise sociológica da participação do jovem e do estudante no cenário político e cultural do Brasil nos anos 60. Segundo a autora, o projeto do estudante está marcado pela manutenção e progresso no sistema de classes, e deve ser investigado no contexto de referência de sua classe de origem que é, predominantemente, a pequena-burguesia ascendente. Esta "nova classe" traz em sua constituição um processo histórico-social que a situa em uma condição de dependência à condição de classe assalariada – às camadas populares – fazendo-a compartilhar de suas reivindicações, ao mesmo tempo em que se encontra dependente e subordinada às classes dominantes, incapacitando-a de uma efetiva tomada de posição que exija a ruptura dos vínculos.

Durante o Estado Novo, as manifestações estudantis revestiram-se de conotação política. No entanto, segundo Foracchi (1977), as agremiações que procuram a transformação brasileira, mais sofrem o processo do que propriamente a conduzem. O problema central parece ser o da organização da ação da cúpula, no sentido de atingir a massa estudantil. Ou seja: "a cúpula não sabe, freqüentemente, como agir" (idem, p.230).

O jovem estudante expressa a insatisfação da classe média, e à medida que procura a superação da classe do qual ele é força ponderável, assume seu comportamento radical. No entanto, esse processo de politização das massas – estudantis e de classe – esbarra nas próprias características da massa, ou seja, o acesso a técnicas mais eficientes e racionais. Segundo Foracchi (1977), para que o projeto de autonomia do estudante – e da própria sociedade – se concretizasse, seria necessário sua reformulação:

> em termos da família (contrariando-a nos objetivos traçados para a realização profissional, por exemplo); do trabalho (desmascarando as condições espoliadoras do trabalho do estudante); da atuação profissional (desvendando os requisitos da atuação profissional, escamoteados no

ADOLESCENTES E JOVENS... EM AÇÃO! 103

projeto familiar). Seria essa uma das dimensões, mais nítidas e características do radicalismo pequeno-burguês, tal como pôde ser apreendido pelo processo de constituição do estudante como categoria social. A descoberta dessas implicações contraditórias leva à investigação do conteúdo real do processo de desvinculamento do jovem, tal como é socialmente oferecido. (idem, p.238)

Para a autora, essas condições de envolvimento social do jovem demonstram muito mais atingir o engajamento do pequeno-burguês do que um engajamento revolucionário na sociedade como um todo. Segundo Foracchi (idem, p.239), "o estudante representa, na verdade (...) a polarização transformadora da ação de uma camada, originalmente ligada às forças tradicionais".

A autora argumenta que existe uma distinção entre jovem e estudante manipulado pelos conservatistas e pelos militantes, de modo a reduzir o comportamento do jovem e, portanto, sua politização. Essa redução se dá pela valorização da radicalização do comportamento necessário para a transformação do jovem em estudante e de politização da massa estudantil. "Dentro desta perspectiva, o estudante seria o jovem radicalizado, capaz de conduzir ao extremo limite a sua capacidade de ousar" (idem, p.290).

Foracchi (1977) conclui em seu estudo que o processo educacional atuou em uma ordem competitiva, como um requisito de ascensão que impulsiona os movimentos individuais ou grupais de transformação da situação de origem. A juventude traz em seu papel, uma força social renovadora, e como uma etapa definida socialmente, representa uma imagem da sociedade em que vive. Conforme Foracchi (1977), a sociedade tende a fazer com que o jovem aja de acordo com as representações que valoriza e manipula, estabelecendo limites de sua preservação. No entanto, a possibilidade de prever seu destino e o conhecimento de seu papel social, constituído na experiência familiar, pode atuar como força para contrariar e assumir a responsabilidade da sociedade para si.

À pressão reiterada da sociedade sobre o jovem, contrapõe-se a pressão insistente do jovem sobre a sociedade como se, num equilíbrio de forças,

104 MÁRCIA APARECIDA BERTOLUCCI PRATTA

ambos se conjugassem num esforço de autopreservação (...). Juventude e história são entidades que se confundem enquanto manifestações do novo. (idem, p.303)

A autora, com suas considerações, ressalta as características de reprodução da sociedade pela juventude, ao mesmo tempo em que valoriza suas potencialidades transformadoras:

> Se, como dizem, a juventude é manipulável, isto equivale a admitir que ela é flexível e que sua fraqueza é, na verdade, a sua força. A capacidade singular de manipulação que converte os jovens em instrumentos de diversos poderes é, nos países que despertam para a história, neutralizada pela visão crítica e pelo anseio de autonomia que deles fazem o porta-voz insistente de todas as reivindicações e o denunciador implacável de todas as formas de opressão. (idem, p.304)

Nos anos 60, essas características apareceram de modo mais contundente, de modo a deixar uma marca que seria um marco até a contemporaneidade. Em todo o mundo eclodiu a cultura jovem, tornando imperativas as mudanças sociais.

> A nova "autonomia" da juventude como uma camada social separada foi simbolizada por um fenômeno que, nessa escala, provavelmente não teve paralelo desde a era romântica do início do século XIX: o herói cuja vida e juventude acabavam juntas. (Hobsbawm, 1995, p.318)

A figura da juventude heróica, já retratada na década de 1950, pelo ator James Dean no filme *Juventude transviada*, vai encontrar no *rock* sua expressão cultural característica da juventude.

Paralelamente a essa juventude "transviada", surgiu também um grupo de jovens universitários que utilizava o movimento literário como forma de se opor ao mundo materialista da sociedade norteamericana. Eclodiu um fenômeno denominado *"beat"*. Com várias conotações, o termo poderia sugerir "purificação do espírito" (beatitude), tendo como influência as religiões orientais. Também poderia significar ser aventureiro ou ainda representar estilos musicais como

ADOLESCENTES E JOVENS... EM AÇÃO! 105

be-bop e *cool* jazz. Ser *beat*, então, passou a significar fluência, improviso, ausência de normas.

No Brasil, além do *rock'n'roll*, a juventude expressava-se por meio da bossa-nova. A influência norte-americana, notadamente infiltrada pelos filmes e pela música, era criticada por jornalistas brasileiros. Essas influências refletiam os anseios dos jovens recémurbanizados, em uma sociedade entusiasmada com a política desenvolvimentista de Juscelino. Não se pode desconsiderar que os adolescentes utilizavam o *rock'n'roll* como forma de extravasar sua ira e sua energia.

Os anos 60

O período que sucedeu a Segunda Guerra Mundial (pós-guerra) foi denominado como a Era de Ouro, por causa, principalmente, do significativo desenvolvimento que proporcionou aos países capitalistas desenvolvidos. Apesar de a Era de Ouro ser considerada um fenômeno mundial, a riqueza geral jamais chegou à população do então chamado Terceiro Mundo. O que ocorreu de fato no Terceiro Mundo foi um aumento da população, sem se encontrar acompanhamento do aumento de riquezas. Na África, a população duplicou nos 35 anos após a década de 1950, fenômeno ainda maior fora observado na América Latina.

Nesse contexto, surgiu o fenômeno do *"baby boom"*[3], que permitiu a emergência posterior de uma "classe de jovens", conforme afirma Jeammet e Corcos (2005): os *teenagers*.

A emergência dessa "classe" de jovens consciente de si, provocou também o interesse dos fabricantes de bens de consumo dirigidos a esta

---

3   Fenômeno demográfico que consiste no crescimento explosivo das taxas de natalidade nos países industrializados no período entre 1945-1960, em conseqüência de fenômenos sociais durante a Segunda Guerra mundial: estabilidade familiar, mais casamentos e maior disponibilidade para trabalhar. (Dicionário de Economia in www.esfgabinete.com/dicionario/?procurar=1&palavraRAW=B ABY_BOOM).

população. Desta forma, a cultura juvenil passou a ser determinante dos rumos da economia de mercado desenvolvida: por um lado, por representar uma massa concentrada de poder de compra, e por outro, porque cada nova geração de adultos trazia as marcas, sobretudo, da rapidez da mudança tecnológica que dava à juventude uma vantagem sobre grupos etários mais conservadores sendo como afirmou Hobsbawm, menos "adaptáveis". Assim, os novos computadores e os novos programas eram projetados por pessoas na casa dos vinte anos. Essas circunstâncias criaram um sentimento de inferioridade nas pessoas de gerações anteriores.

O que os filhos podiam aprender com os pais tornou-se menos óbvio do que o que os pais não sabiam e os filhos sim. Inverteram-se os papéis das gerações. (idem, p.320)

Outra característica da cultura jovem em emergência foi o internacionalismo, que além do *rock*, teve também como marca da juventude moderna o *blue jeans*. Como afirma Hobsbawm (idem, p.320), estas marcas puderam ser percebidas "das minorias destinadas a tornarem-se maiorias, em todos os países onde eram oficialmente toleradas e em alguns onde não eram, como na URSS, a partir da década de 1960." Foi o início da hegemonia cultural global engendrada pela juventude.

Segundo Hobsbawm, junto ao *boom* demográfico impôs-se o fato de que os jovens que entravam no mercado de trabalho, após a idade de deixar a escola, tinham maior poder aquisitivo que seus antecessores graças à prosperidade da Era de Ouro. Descobriu-se, então, o mercado jovem, principalmente por meio da música e estilos (*blue jeans*) internacionalizados.

Havia nesta nova "cara jovem", um sentido de contestação irrestrita, cuja máxima era atrelada à negação dos valores vigentes. Essa negação era representada por diferentes formas e expressões, iniciando pela aparência irreverente e desafiadora: cabelos compridos, roupa suja, música estridente, pés descalços e *"blue jeans"*. Eles passaram a ser "destruidores" de tudo o que estava estabelecido e consagrado:

ADOLESCENTES E JOVENS... EM AÇÃO! 107

valores, instituições, idéias e tabus. A moral e os bons costumes foram afrontados. Mais do que o perfil romântico e simbólico com que era marcado nas gerações anteriores, os jovens assumiram a sua condição de provisoriedade e coragem, típicos da idade, para arrancar pedras das ruas como símbolo de destruição da própria sociedade, fosse ela capitalista ou comunista, de opulência ou de miséria. A perda de confiança no próprio **não** levou os jovens a criarem uma nova semântica da negação – o sim ao não. Os jovens optaram pela **ação**, em sua concepção, revolucionária.

Enquanto no Brasil vivia-se o fechamento político, acompanhado de violenta repressão, as manifestações estudantis explodiam em vários países (notadamente na França). Aqui, a exemplo do que acontecia no mundo, os jovens passam a questionar a guerra, a injustiça social e reivindicam principalmente a liberdade de expressão.

Em 13 de dezembro de 1968 foi decretado o Ato Institucional número 5 (AI-5): direitos políticos foram cassados, intelectuais foram demitidos do serviço público, presos políticos torturados e outros desaparecidos; dissolveu-se o Congresso e os partidos políticos foram extintos. Na música, o movimento tropicalista foi abafado. A literatura e o jornalismo também foram perseguidos e censurados.

A repressão pela violência fica institucionalizada. Os movimentos estudantis de massa desaparecem, retornando apenas no final da década de 1970; desta vez, a luta era pela anistia e pela volta ao regime democrático.

Em agosto de 1992, os estudantes de todo o país manifestaram-se a favor do *impeachment* do presidente Fernando Collor de Mello. Os jovens secundaristas saíram às ruas insatisfeitos com os rumos do governo. Pintaram o rosto e juntaram-se a outros setores sociais na luta contra a corrupção e pela ética na política, procurando dar voz aos seus direitos como cidadãos. Ficaram conhecidos como os *"caras pintadas"*. Mas essa "contestação" já não tinha o mesmo caráter revolucionário e inovador dos anos 60. Iniciou-se a "decadência" de ideologias e um período de contestação pela contestação e por valores mais individualistas do que coletivos.

As drogas como forma de contestação

O processo de laicização foi iniciado com a ascensão da burguesia, e corroborado por grandes nomes no século XX como Marx, por exemplo, que entendia a religião como "o ópio do mundo"; e Freud, com toda sua argumentação acerca da religião em *O Futuro de uma Ilusão* (1973f), de que os indivíduos tendem a buscar novas formas de elevação espiritual e explicações filosóficas, considerando a religião como uma ilusão necessária para quem não tem acesso à arte e à ciência.

Segundo Lipovetsky (2005, p.82), na década de 1960 é por meio da juventude que o chamado pós-modernismo vai revelar suas principais características com seu radicalismo cultural e político, e seu hedonismo exacerbado: com revolta estudantil, a contracultura, a voga da maconha e do LSD, a liberação sexual, filmes e publicações pornô-*pop*, o aumento da violência e da crueldade nos espetáculos. A cultura comum harmoniza-se com a liberação, com o prazer e com o sexo.

Desta forma, a busca pela "verdade", antes "revelada"[4], tornou-se "vazia", para usar a terminologia adotada por Lipovetsky, fazendo com que os indivíduos procurassem outras formas de "ascensão espiritual". Na década de 1960, essa "busca" foi adotada como forma de contestação por uma grande parcela de jovens.

Por meio de uma pesquisa sobre religião, em 1960, descobriu-se, que quatro entre cinco alunos da Universidade de Harvard consideravam as religiões tradicionais vazias de conteúdo metafísico e que não os ajudavam a encontrar a verdade.

Em 1961, Timothy Leary, professor de Psicologia da Universidade de Harvard, após experiências com um tipo de cogumelo mexicano que produzia a mescalina com propriedades alucinógenas, realizava suas pesquisas aplicando 3.500 doses da droga em 400 estudantes voluntários que procuravam experiências místicas. Em seguida, Leary e seu assistente Richard Alpert passaram a utilizar outra substância

---

4   Durante a Idade Média predominava o Cristianismo como ordem geral em que os dogmas cristãos de verdade revelada pelo Divino direcionavam o modo de vida daquela sociedade.

ADOLESCENTES E JOVENS... EM AÇÃO! **109**

ainda mais poderosa, o LSD (sigla que iria acompanhar grande parte da juventude naquela década). Em pouco tempo, o número de "iniciados" cresceu assustadoramente. Esses jovens, diferentes dos demais, detestavam a violência tanto quanto a sociedade consumista e buscavam afastar-se de ambas. Negavam a religião, mas buscavam Deus nas religiões orientais. Em 1962, o LSD já era conhecido pelos alunos das grandes faculdades americanas (mas não dos dirigentes dessas instituições e do público).

O escândalo só viria a público quando Timothy Leary foi expulso de Harvard e apelou para a Justiça. Alegava, em nome da ciência e da democracia, o direito de prosseguir suas experiências. Em menos de uma semana a América e o mundo tomaram conhecimento do fenômeno "psicodélico", sem entender muito o que realmente acontecia.

Leary foi preso e confessou já ter aplicado LSD em mais de mil pessoas, metade das quais de formação religiosa, entre elas 69 ministros protestantes ou padres católicos. Dessas pessoas, 75% reconheciam terem atingido um estado místico religioso intenso, e mais da metade afirmou ter realizado a experiência mais profunda e real de sua vida. (Anos 60: perfil dos jovens na época da contestação, 2005, p.1)

De outro lado, uma grande parte da juventude estava escolhendo a "revolução psicodélica" como forma de contestação da sociedade e de busca da verdade.

No entanto, a despeito da revolução cultural engendrada pela juventude, o mundo havia mudado. A sociedade industrial avançava e impunha novos valores, absorvendo para seus próprios fins as bandeiras juvenis. O consumo assumiu um papel essencial no cotidiano e nas relações, estabelecendo novos padrões: competição, eficácia e sucesso. Esses novos padrões viriam substituir os valores veiculados pela juventude até então, tais como: amor, liberdade, justiça e fraternidade. Sob esse quadro, o comércio descobre nos jovens todo o potencial do consumidor: em apenas quarenta anos, o número dos jovens até 24 anos duplicaria.

Toda uma linha de produção – discos, roupas, espetáculos – foi concebida a partir deles para eles. Os personagens que os jovens transformaram em ídolos (dos Beatles a Che Guevara), justamente porque tinham contestado o sistema, lhes foram devolvidos, comercializados: moda Mao, camisas com o rosto de Che, *posters* dos Beatles. O consumo transformava a contestação a ele, num rendoso produto de consumo. (idem, p.1)

A sociedade passou a consumir a contestação, estabelecendo assim uma nova dinâmica – a busca pelas "viagens", fugas e "conhecimento de si próprio" – que crescia vertiginosamente; tentativas para fazer valer a negação dos jovens ao *status quo*. Os jovens passaram a realizar essas buscas também em outros campos: na moda, na pintura, no cinema e, sobretudo, na música. Explodiram as discotecas, local em que os jovens podiam se agitar, se movimentar, juntamente com a luz e a música. A dança tornou-se a única forma de expressão em todo o mundo. "O *rock'n'roll* dos anos 50 foi rejuvenescido pelo *twist* de Chubby Checker, depois pelo *jerk*, *frug*, *monkey*, *surf*, *let Kiss*, *drag*, todos de curta duração, onde apenas os gestos e os nomes variam" (idem, p.1). Os Beatles eram os ídolos dos jovens de todo o mundo.

As grandes concentrações – como a de Woodstock, onde centenas de milhares de pessoas se reuniram para falar de paz, de música e para viver dias de completa liberdade – demonstraram o sentido profundo da comunidade que estava se formando entre os jovens daquela década e a compreensão mística de si mesmos como um grupo à parte: um "nós" em franca oposição a "eles". (idem, p.2)

Essas singularidades, as tipicidades e os agrupamentos, vão constituir os primeiros passos para que os jovens sejam entendidos como categoria social. Essa categoria viria com as características de oposição a "eles": o mundo adulto dos pais e sua impotência em viver os valores que pregam; os sistemas sociais incapazes de preencher o vazio entre ideal e o real. O fracasso da civilização, e das promessas de desenvolvimento social trazidas pelo cientificismo e pelas gerações anteriores, expressas pelas guerras, injustiças sociais, violência e opressão, fizeram explodir a consciência dos jovens dos anos 60.

ADOLESCENTES E JOVENS... EM AÇÃO! **111**

Para Lipovetsky (2005), a década de 1960 só exacerbou uma cultura consumista e hedonista já presente nas décadas anteriores. Essa revolução trouxe, na visão do autor, um impacto mais profundo, que diz respeito ao objetivo das sociedades modernas: o controle cada vez maior da sociedade. Por outro lado, provoca uma:

> liberação cada vez mais ampla da esfera particular, agora entregue ao *self-service* generalizado (...) Absorvendo o indivíduo na corrida pelo nível de vida, ao legitimar a busca da realização de si mesmo, ao sufocá-lo com imagens, com informações, com cultura, a sociedade do bem-estar gerou uma atomização ou uma radical perda de socialização (...) (idem, p.84)

Conforme Lipovetsky (2005), o controle passa a ser suave e não mais mecânico e totalitário, à base da sedução. A geração de 1960, na tentativa de levar a máxima do modernismo – a cultura do novo – a limites extremos provocou também uma uniformização de comportamento. Para Lipovetsky, o início da era pós-moderna foi marcada pela substituição do hedonismo *"hot"* pelo hedonismo *"cool"*:

> a fase *cool* e desencantada do modernismo, a tendência à humanização sob medida da sociedade, o desenvolvimento das estruturas fluidas moduladas em função do indivíduo e dos seus desejos, a neutralização dos conflitos de classe, a dissipação do imaginário revolucionário, a apatia crescente, a dessubstancialização narcísica, o reinvestimento *cool* do passado. (idem, p.90)

Se questionados quanto ao que estava acontecendo ninguém sabia. Começou uma nova forma de luta obsoleta: invadiam-se templos do saber como a Sorbonne, vaiavam ídolos de outras gerações, como Sartre e o comunista histórico, Aragon, incendiavam carros, tomavam teatros. Havia apenas duas opções: fugir ou destruir a sociedade. Os *hippies*, cerca de quatrocentos mil jovens, só nos EUA, optaram pela marginalização, pela revolução da moral e dos costumes, à procura de outras verdades. Os jovens que optaram por tentar "desconstruir" a sociedade em prol de uma sociedade mais justa e humana, lutavam por liberdade política, posicionando-se contra a sociedade de consumo, que consideravam responsável pela obtenção da liberdade econômica.

No Brasil, reflexos de toda essa revolução foram sentidos, porém altamente, digamos, controlados, reprimidos e censurados, pois vivia-se o pior período repressivo de nossa História (época do governo Médici que coincidiu com a decretação do AI-5, em 1968).

A adolescência na contemporaneidade

Ainda hoje, alguns autores apontam dificuldades na definição de adolescência, uma vez que as transformações biopsicossociais não ocorrem de modo articulado e simultâneo, dificultando a homogeneização na concepção do objeto.

Para a Antropologia:

> quando são poucas as divergências entre o conjunto de normas sociais impostas às crianças e aos adultos, a passagem para a vida adulta ocorre sem atropelos. No caso de sociedades onde a cada grupo etário correspondem papéis diferenciados essa passagem será marcada por períodos de transição mais ou menos nítidos que poderão implicar ritos de passagem, dramatização episódica, conflitos intra e interindividuais. (Reis, 1993, p.473)

Desta forma, a Antropologia Social entende que os comportamentos entendidos como "naturais" na adolescência estão mais ligados a questões culturais do que biológicas.

Com este olhar, a teoria culturalista entende que os comportamentos e manifestações da adolescência só adquirem valor e significado quando interpretados socialmente, como vimos anteriormente. Como exemplo desta afirmação, pode-se citar os rituais de passagem utilizados por tribos indígenas que celebram a passagem da infância para a vida adulta com cerimônias nas quais são utilizadas, muitas vezes, provas físicas.

Apesar de essas contribuições terem sido representativas para o entendimento da adolescência, existe atualmente uma tendência

ADOLESCENTES E JOVENS... EM AÇÃO! 113

crítica da antropologia que aponta que as abordagens culturalistas se apóiam na visão e na experiência masculinas dessas culturas, como se tal experiência estivesse refletindo o todo cultural.

Essas considerações vêm elucidar algumas dificuldades de conceituação e abordagem do adolescente, mas o fato é que, mesmo após a efervescência revolucionária da juventude na década de 1960, o adolescente passou a ser visto como autor da emergência da barbárie no início do século XXI, em vez de protagonista das mudanças sociais necessárias. O desenvolvimento histórico do conceito e da própria formação da adolescência e da juventude no Brasil e no mundo dá indícios de como se deram essas mudanças. Um olhar mais próximo permitirá elucidações e correlações necessárias para o propósito desta pesquisa: pensar uma Educação em bases ampliadas para esses jovens.

Em outra perspectiva, Calligaris (2000, p.67) afirma que "a adolescência é o ideal coletivo que espreita qualquer cultura, recusa a tradição e idealiza liberdade, independência, insubordinação etc. Os Estados Unidos foram aqui a vanguarda do Ocidente Moderno". O jovem tem por dever "envelhecer. Suma sabedoria". Adverte, entretanto, o autor: "Mas o que acontece quando a aspiração dos adultos é manifestamente a de rejuvenescer?" (idem, p.67).

Além dessas questões culturais contemporâneas que valorizam a eterna juventude em busca incessante de alternativas para o cultivo do corpo, evitando o envelhecimento e a morte, existe uma pressão econômica que vê na adolescência um potencial de consumo. Esse fato tem feito com que o período da chamada adolescência esteja sendo cada vez mais esticado: quanto mais um determinado período etário sobe na escala social e econômica, mais esse período é estendido, o que passa a ser visto como um privilégio de classe. Durante a década de 1960, na tentativa de viver o "novo", a juventude uniformiza o comportamento do *blue-jeans* à Coca-cola. Lipovetsky (2005) vai apontar também a face suplementar e inversa deste fenômeno: a acentuação das singularidades, a personalização sem precedentes dos indivíduos. Segundo o autor, a multiplicidade de ofertas de consumo estimula o desejo de que a pessoa seja ela mesma a fim de gozar a vida. "Trata-se da diversificação extrema de condutas e dos gostos" (idem, p.86). Nessa perspectiva, o consumo tende a diminuir as diferenças entre os gêneros e as gerações em prol de uma "hiperdiferenciação dos comportamentos individuais" (idem, p.86). O autor afirma que em conseqüência dessas características, o comportamento dos jovens tende a se estender aos não tão jovens e, com uma velocidade impressionante, reciclam-se quanto "ao culto da juventude, à era psi, à educação permissiva, ao divórcio, às atitudes descontraídas, aos seios nus, aos jogos e esportes, à ética hedonista" (idem, p.86).

No entanto, permanecem as desigualdades sociais – e até se intensificam – por meio de um controle silencioso, com a valorização do prazer absoluto, de cultivo do narcisismo, do vazio etc.

Como apresentado no início deste capítulo, os conceitos de adolescência e juventude imbricam-se e a distinção entre ambos pode ser percebida por critérios psicológicos e sociológicos. Jeammet e Corcos (2005) colocam também em questão a referência biológica que distingue a adolescência da puberdade. Segundo os autores, o início da adolescência define-se usualmente com ênfase no aspecto biológico, no começo do processo de maturação sexual (puberdade); no entanto, a definição da "finalização" é sociológica: o adolescente passa a ser adulto no momento em que consegue sua independência do núcleo familiar basicamente definido por uma independência do tipo econômica. Com relação ao seu início, também se percebe que cada vez mais precocemente as crianças começam a ter "comportamentos" adolescentes, interferindo até mesmo na maturação biológica, com crianças de 8 anos tendo sua primeira menstruação.

A liberdade de costumes tem permitido que o jovem entre na vida sexual cada vez mais cedo, sem ainda que seu desenvolvimento crítico tenha sido completado. Vê-se também o desenvolvimento de pseudo-adolescentes. Segundo Jeammet e Corcos (2005), são os jovens pré-púberes que imitam as atitudes adolescentes estimulados pelas imagens midiáticas. De outro lado, emerge uma população pós-adolescente, ou os "adultescentes", cada vez mais numerosa.

Este fenômeno está diretamente associado ao prolongamento da escolaridade, a demora no ingresso no mercado de trabalho e no enlace matrimonial.

ADOLESCENTES E JOVENS... EM AÇÃO! 115

Concomitante a estas mudanças ocorre uma mudança na relação entre pais e filhos com um enfraquecimento das barreiras intergeracionais. A maior flexibilidade e liberdade de costumes, juntamente com a fragilização dos limites e a ausência de parâmetros (valores éticos) claros, ao mesmo tempo em que a sociedade passa a cobrar cada vez mais do adolescente, o êxito individual provoca nele o impedimento do encontro com a expressão de suas necessidades de dependência, como apontado por Jeammet e Corcos (2005). Ocorre a *paternização* das crianças, na visão de Jeammet e Corcos (2005), uma vez que estas se vêem transformadas em pais dos pais. Esta situação provoca também o enfraquecimento da figura paterna, como já visto em capítulo anterior, tão necessária à formação psíquica individual e social.

O fim das diferenças entre as gerações

> *Antes de mim vieram os velhos*
> *Os jovens vieram depois de mim*
> *E estamos todos aqui*
> *No meio do caminho dessa vida*
> *Vinda antes de nós*
> *E estamos todos a sós*
> *No meio do caminho dessa vida*
> *E estamos todos no meio*
> *Quem chegou e quem faz tempo que veio*
> *Ninguém no início ou no fim*
> *Velho e Jovens*
>
> Péricles Cavalcanti e Arnaldo Antunes

O poema elucida de forma contundente as conseqüências que a quebra de contornos claros para as diferentes gerações pode causar no indivíduo – reflexos que estão sendo sentidos na contemporaneidade.

Percebe-se o enfraquecimento da família expondo, muitas vezes, a criança à vida privada dos pais e de seus estados afetivos, abolindo, assim, a diferença entre as gerações.

O conceito de *Síndrome da Adolescência Normal* foi introduzido por Aberastury e Knobel (1981), a partir de um referencial psicanalítico, referindo-se ao agrupamento de várias condutas dessa fase. Para alcançar a identidade adulta, o adolescente tem de elaborar e/ou conscientizar-se das três "perdas" fundamentais deste período evolutivo: a perda do corpo infantil, a perda dos pais da infância, a perda da identidade e do papel infantil.

Levisky (1995) também aborda esta questão, demonstrando que as transformações da cultura contemporânea são observadas na vulgarização do campo privado (em que o privado se torna público) ou na perda de referências na relação entre o individual e o coletivo. Para o autor, o comportamento sexual e sua liberação na atualidade, bem como a expansão de todo tipo de violência faz com que, em certo sentido, o homem contemporâneo em sua essência pulsional se assemelhe aos seus ancestrais mais primitivos.

Como vem sendo apontado durante todo o trabalho, a tensão existente entre indivíduo e sociedade, bem como a dialética existente entre ambas as esferas podem estar atravessadas por um mal-estar contemporâneo, exacerbado (ou expiado) pela juventude.

No passado, o jovem índio era sujeitado a rituais (culturais) de passagem para a vida adulta (atingir a maturidade sexual). Carregava toras pesadas e ficava orgulhoso de sua condição, apesar do sofrimento, para com isso alcançar o reconhecimento de si próprio e do seu grupo social. Hoje, os adolescentes usam de sua arte e coragem para subir no último andar de um prédio e imprimir sua marca em grafites. Eles transgridem normas de segurança e as leis estabelecidas. É o modo de desafiar o mundo (e muitas vezes de superar a si próprio) por meio do desafio. "Faz-se presente ao mundo, que de outra forma o ignora" (Levisky, 1998, p. 23).

Levisky (1998) aponta que atos de vandalismo, violência, uso de drogas, "rachas" de automóveis praticados por adolescentes constituem as novas formas de rituais de passagem da sociedade atual. As dificuldades para encontrar um trabalho digno, as provas vestibulares também podem ser consideradas como novos rituais, numa sociedade que privilegia o lucro, o individualismo e a liberalidade em detrimento da qualidade dos valores humanos que deveriam fazer parte do espírito de coletividade e solidariedade.

ADOLESCENTES E JOVENS... EM AÇÃO! **117**

A questão da agressividade parece fazer parte do cotidiano dos jovens do município de Descalvado de forma naturalizada. Apesar de trazerem em seus discursos uma censura a diferentes formas de agressividade e violência, apresentam, ao mesmo tempo, uma sedução por esses atos. A esse respeito, talvez não haja necessariamente uma contradição, mas talvez esta seja a representação contemporânea do conflito entre as derivações das pulsões de vida e de morte (em que o campo erótico se vê permeado por atos e falas violentas, como forma de delinear uma intimidade a ser preservada). Ao que parece, a agressividade, por exemplo, é utilizada pelas jovens por nós entrevistadas como uma forma de perceber e delimitar sua existência no mundo.

Sobre situações de violência ligadas à sexualidade. Ava conta a seguinte passagem de sua vida:

> Uma vez o rapaz de costas, o rapaz veio assim: Vou dar um beijo nessa morena. Que era eu. Se esse filho da puta vem me beija eu vou dar um cascudo. Aí ele veio atrás de mim assim, aí eu falei: sai daqui, sai daqui senão vai levar um tapa. Dou um tapa. Porque respeito é bom e a gente gosta. Não é? Muito, muito que é boazinha a gente tem que ser um pouco agressiva também né? Aí ele chegou lá e: Dá um beijo em mim. Não dou porque você não é meu marido, vou ter que beija só o meu marido e meu esposo, meu pai. Aí que ele falô assim: "Eu sou seu marido." Assim sabe, me... se expondo pra mim. (...) "Eu sô seu marido você tem a obrigação de me beijar." Olha o dedinho. Não tenho não. Obrigação eu não tenho de beijar não. Se eu tivesse, eu beijava qualquer um. Só meu marido eu tenho obrigação de beijar.

Ao contar essa passagem de sua vida, parece que Ava, embora enfatize o lado da agressividade, parece extrair uma satisfação (e até gozo) pelo poder de sedução sexual que conseguiu despertar no jovem. Obtém, assim, uma forma de dominação de seu próprio desejo. Em seu discurso, é possível perceber o caráter moral e a representação social, acerca dos riscos, condenando o desejo sensual/sexual fora do casamento, embora o faça muito precariamente, como forma de se conter e de dar contornos a seu próprio campo do desejo, como mulher.

118 MÁRCIA APARECIDA BERTOLUCCI PRATTA

Perguntamo-nos se tais expressões agressivas estariam sendo utilizadas a serviço de Eros, uma vez que é assim que essas jovens garantem uma sustentação psíquica mínima. No entanto, não parecem, desse modo, trazer o crescimento e o fortalecimento de si, necessários para a constituição de sua identidade, criando, ao contrário, uma dependência narcísica de neo-objetos[5] (incluindo-se aí padrões de comportamentos, tal como encontrados entre as jovens entrevistadas), como apontado por Jeammet e Corcos (2005).

Em sua essência, as características da adolescência são as mesmas das culturas primitivas: desafio, coragem, descoberta dos próprios potenciais físicos e psíquicos. No entanto, o mundo adulto contemporâneo, cheio de contradições, tem contribuído para incrementar os conflitos do adolescente, cujo processo, por si só, é rico em contradições.

Fala-se de amor e se faz guerra, e, por meio da guerra, almeja-se a paz. Deseja-se liberdade, fala-se de confiança, mas usa-se da repressão, da violência e do suborno. Defende-se o sexo como expressão sublime do amor, e vende-se o corpo em anúncios de qualquer coisa que possa ser consumida. É neste mundo de contradições que o adolescente precisa aprender a viver, com as suas ansiedades e com as do próximo, esperançoso e desejoso de encontrar-se. (idem, p.33)

As contribuições da Psicanálise sobre a adolescência têm norteado principalmente as discussões sobre a formação da identidade e do caráter.

As flutuações de comportamento na adolescência podem ser explicadas pelo modo de elaboração de sua vida psíquica das experiências de transformação deste período. Aqui cabe ressaltar que a luta entre as gerações é importante e decisiva para a perpetuação da própria cultura. O que apontamos anteriormente, em diferentes autores, é que a ausência de delimitações claras entre as gerações dá outros contornos para

---

5   Jeammet e Corcos (2005) vão denominar neo-objeto as formas de atuação do jovem (comportamento) por meio do qual ele redescobre o vínculo que mantinha anteriormente com seus objetos internos e seus representantes externos com os quais mantinha um laço de dependência.

esse conflito, permitindo a ocorrência de problemas na constituição da identidade individual, e talvez, social.

Em uma situação de grupo com adolescentes, uma jovem relata sentir o preconceito no interior de sua própria família. O padrasto, a quem chama de pai, com 83 anos, é extremamente autoritário, ligado a uma religião rígida que não permite, inclusive, a existência de televisão no domicílio. A mãe, abandonada pelo pai de Paula quando estava ainda grávida, apresenta "síndrome de pânico", agravada pelo fato de ter sido presa por engano no lugar de outra mulher que possuía o mesmo nome (talvez como mais uma conseqüência perversa da exclusão e o abandono social a que estão sujeitas). Ficou presa por quase três meses. Hoje, a mãe não sai de casa de medo que isso possa voltar a acontecer. Paula é chamada de "preta" pelo padrasto, e a mãe, apesar de demonstrar carinho por Paula, diz que ela é igual ao pai. Nessa fala da mãe estão contidas as suas angústias quanto às traições e desamparo que o pai de Paula a fez sentir, pois compara o comportamento sexual de Paula como uma "herança" do pai, de certa forma, assumida por Paula. Ao responder à pergunta sobre violência, Paula refere-se à violência doméstica, talvez como um pedido de ajuda pelas situações que vivencia (ameaças de violência, proibições, agressões verbais, entre outras). Sua família apresenta algumas histórias de violência: "Minha família é meio briguenta (...). Meu irmão deu um tiro na perna de um homem (...) ele não larga de uma faca (...)". Quando questionada sobre o que faz quando sente raiva, Paula responde que gosta de ficar pensando sozinha.

Paula relata situações de humilhação também dentro da escola, que às vezes, parece-lhe uma extensão dos conflitos familiares (as humilhações pelas quais o padrasto a faz passar, como por exemplo, com relação a sua cor).

A forma como cada adolescente "resolve" externa (social) ou internamente (vida psíquica) determina como será a sua passagem pela adolescência.

Quanto a "reviver" as fantasias edipianas na puberdade, Freud (1905) afirma que a vida sexual do jovem em processo de amadurecimento é restrita ao terreno das fantasias e à medida que são superadas, completa-se uma significativa e dolorosa realização psíquica: a autonomização em relação à autoridade. Inauguram-se novas formas de relações com a família e as demais relações sociais em geral e, desse modo, construindo a própria identidade.

Encontrei diferentes situações em minha experiência profissional em que os pressupostos de Herrmann – teoria dos campos (des-obede-serás) –, discutidos no capítulo anterior, apresentavam respostas claras e coerentes. É possível observar nas falas dos jovens a apresentação de tensões: falta de oportunidade, culpa do governo e falta de vontade, culpa do adolescente. No entanto, em ambas as instâncias, a questão do egoísmo e do narcisismo parece decisiva, conforme é assinalado por algumas jovens que entrevistei.

Ao falar sobre a participação em uma Conferência sobre os Direitos da Criança e do Adolescente, Ava apresenta toda a sua frustração. É interessante ressaltar que ela relata que as situações de educação e de atenção à criança e ao adolescente na cidade são boas. Porém, sua revolta em relação às autoridades deve-se ao sentimento de "descaso", por parte das autoridades em relação a esses mesmos jovens, que são alvo em princípio das políticas dirigidas à juventude (pobre e excluída). Segundo o depoimento de uma das jovens entrevistadas, as "autoridades" parecem se referir às crianças e adolescentes como "coisas" e não como pessoas:

> Vi tanto egoísmo nas pessoas, egoísmo... Nossa! Um querendo se aparecer mais que o outro. Você pra mim é assim. A maioria das psicólogas umas mais superiores que a outra, uma querendo pisa na outra. Eu vi ontem ali, os vereadores, os vice. Cris chegou lá: "Bom dia, sejam bem-vindos". Não sei o que... Queria golpe vai, golpe vem, né! Pessoal viu aquilo só foi feito por ficar muito no que é dele. Raul. tava lá. (...) Ah, se você visse, ia rezá. Me poupe, né! Você é criança, adolescente, você ia ouvi só? Toma no c., quase que eu falei isso pro Raul, vai tomar no seu c., não falei porque é feio. Falo vai tomar no seu facho. Filho da puta. (Karen, 19 anos)

O descrédito no setor público é notório, o que acaba causando também uma falta de envolvimento do jovem com a questão política e

ADOLESCENTES E JOVENS... EM AÇÃO! 121

social. Também é notório a pobreza nas formas de expressão, sobretudo da linguagem empregada que impede o jovem de se exprimir com palavras os significados de seu grau de indignação com a sociedade e os políticos. Essas dificuldades também representam as deficiências na educação formal, e a influência cultural no "estilo", comportamento e atuação juvenil.

Em experiências anteriores, pudemos observar, juntamente com a equipe da Casa do Adolescente, que os jovens que acabam se envolvendo com grêmios, não o fazem movidos por um processo de politização e em benefício da coletividade, mas porque pretendem alcançar algum benefício próprio, conforme denunciado pelas jovens entrevistadas. Quando indago sobre a participação no Programa "Escola da Família"[6], Ava responde:

> Não, minha filha. Primeiro não tem nada em troca. Segundo lugar, porque não tá bem divulgado e terceiro, porque não se impõe muito as pessoas não tá nem aí, né! As coisas nos cargos dela, não tá nem aí. Tá pagando tudo bem. Sabe, não faz por amor. As pessoas não faz por amor as coisas que faz. Faz por dinheiro, dinheiro. Ah, se um dia, oh... Eu não sei, não. Se um dia se tivesse muito dinheiro, eu não emprestava. O brasileiro é muito egoísta, eu não emprestava. (Karen, 19 anos)

Aqui é possível apreendermos o que Lipovetsky (1995) afirma sobre o descaso social que se cria diante da forma "neo-individualista" de socialização na chamada (pós) modernidade, prejudicando desse modo a constituição da identidade – e até mesmo da sexualidade – do jovem, hoje. Essa conjuntura desfavorável além de levar os jovens a situações de vulnerabilidade, não proporcionam o acolhimento social, seja pela família, seja pela escola e demais instituições – que estes vêm solicitando de diferentes formas. Ava apresenta em sua fala as formas que encontra de *obedecer* o que *desafia* (e não concorda), definindo sua própria identidade.

---

6   Programa desenvolvido pela Secretaria de Estado da Educação que consiste no desenvolvimento de atividades na escola aos finais de semana com a participação da comunidade, em Descalvado desde 2004.

Para Jeammet e Corcos (2005), a noção de "crise" da adolescência tem servido durante as últimas décadas para encobrir os diferentes modos de expressão das mudanças da adolescência, o que tem levado a considerar como normais as condutas atípicas desse período. Para alguns autores, as condutas dos adolescentes não teriam conseqüências. As condutas atípicas estariam ligadas à saída da infância sem ainda ter encontrado os da idade adulta e também por causa dos efeitos da maturação pulsional.

A partir das últimas décadas, a situação agravou-se com a primazia da importância dos distúrbios do humor nessa idade e a descrição dos estados-limite e das patologias da personalidade. Essa posição foi, em seguida, fortemente criticada mostrando, de um lado, o aparecimento de uma crise ruidosa que testemunhava dificuldades psíquicas reais de prognóstico incerto e até mesmo severo; e de outro, que a maioria dos adolescentes atravessava esse período da vida sem crise manifesta.

Os estados-limite vêm sendo pensados na comunidade psicanalítica por sua proliferação, neste início de século, envolvendo a questão do narcisismo e a problemática da constituição do eu. Por estados-limite, ou patologias do agir na adolescência, pode-se entender, segundo Jeammet (1994, p.75-92):

> Um conjunto de distúrbios do comportamento que, além de suas diferenças individuais, (...) Ou seja, a natureza dos riscos que tais particularidades fazem pesar sobre o destino desses adolescentes. Trata-se (...) De condutas aditivas, ou seja, a toxicomania, o alcoolismo, a dependência dos medicamentos, certamente, mas também os distúrbios do comportamento alimentar (anorexia-bulimia), as compras patológicas, as formas compulsivas de cleptomania; ou cortes na pele... Mas também, tentativas de suicídio, condutas psicopatas, fugas, certas formas de recusa escolar... Assim como todas as variantes de passagem ao ato que ilustram o curso do tratamento desses adolescentes, seja este individual ou institucional.

Para melhor entender o contexto psicopatológico da adolescência contemporânea apontado por Jeammet e Corcos (2005), é preciso saber

ADOLESCENTES E JOVENS... EM AÇÃO! **123**

que para os autores a noção de crise tal como é veiculada pelo mundo *"psi"* apresenta mais uma visão romântica da adolescência do que uma realidade científica. Portanto, segundo eles, a maioria dos adolescentes passa por essa fase apresentando manifestações diversas da "crise". A manifestação da crise da adolescência seria mais o resultado de um processo de maturação:

> Tratar-se-ia de mudanças por desenvolvimento e crescimento dos elementos patológicos já presentes e organizados desde a infância. Nesse sentido, pudemos considerar a adolescência como uma criação da época moderna, cuja individualização como etapa da vida que tem suas características particulares seria própria deste século. (idem, p.31)

Portanto, as manifestações patológicas na adolescência são decorrências de distúrbios já existentes desde a infância, provavelmente expressos por um sentimento de abandono, de autodepreciação e de "idéias de referência" que são freqüentemente desconhecidos pelos adultos. O conceito de crise da adolescência é uma realidade superestimada. Sendo assim, Jeammet e Corcos (idem, p.31) consideram a adolescência como uma passagem que corresponde a exigências internas e externas "cuja pressão no aparelho psíquico induz a um trabalho de remanejamento e de elaboração do qual dependerão, em grande escala, as modalidades de organização e de funcionamento da personalidade."

> (...) os distúrbios psiquiátricos averiguados não são realmente mais freqüentes do que durante o período da infância que precede, ou seja, um pouco mais de 10%, mas que as formas de patologia mudam particularmente com um crescimento da depressão e da recusa escolar. (idem, p.31)

Levisky (1995) compartilha das idéias de Jeammet e Corcos e entende que o adolescente está à procura de sua identidade adulta por meio de novos modelos de identificação. No entanto, as possibilidades de identificação na sociedade atual são ilimitadas. Os efeitos desse contexto sociocultural repercutem nas modalidades de expressão da crise da adolescência. Então, a "crise" pode ser entendida como inerente ao próprio processo de desenvolvimento, mas não se configura necessariamente por uma expressão comportamental conturbada. Para Jeammet e Corcos (2005), ela traduz o fracasso relativo do aparelho psíquico de gerir a crise e, desta forma, torna-se sinal de vulnerabilidade, senão de patologia.

A emergência dos impulsos sexuais faz parte do desenvolvimento biopsíquico, indo além do contexto social. Na visão de Levisky (1995) exige-se do jovem o controle sobre seus impulsos sexuais e agressivos num período em que ele ainda se sente pouco habilitado para fazê-lo. Uma questão que foi apontada com propriedade desde Rousseau (1999, p.331):

> Quando vejo que na idade de maior atividade os jovens são limitados a estudos puramente especulativos e que depois, sem a menor experiência, são bruscamente jogados no mundo e nos negócios, acho que a razão não é menos chocada do que a natureza e não fico surpreendido por tão pouca gente saber conduzir-se. Por que estranho modo de pensar nos ensinam tantas coisas inúteis, enquanto que a arte de agir é tida como nada? Pretendem formar-nos para a sociedade e nos instruem como se cada um de nós devesse passar a vida pensando sozinho em sua célula, ou a tratar dos assuntos no ar, como indiferentes."

Essa situação leva-os a reprimir ou liberar seus impulsos sexuais. Atualmente, percebe-se uma ampliação da liberação desses impulsos sem, contudo, o efeito de retorno abordado por Freud em o *Mal-estar na civilização* (1929). Ou seja, sem restabelecer uma determinada ordem necessária para a perpetuação da cultura, com a instauração do sentimento de culpa. Esses jovens estão manifestando esses impulsos por meio da ação, muitas vezes de forma impulsiva e inconseqüente.

É preciso observar que Jeammet e Corcos (2005, p.33-4) divergem da concepção da adolescência como uma criação histórica de uma determinada sociedade.

> Ela corresponde a uma exigência de "trabalho psíquico" inerente ao desenvolvimento de todo e qualquer ser humano, com a qual todo indiví-

duo é confrontado e para o qual toda e qualquer sociedade se esforça para encontrar uma solução. Fenômeno natural, portanto, fenômeno individual também, mas cuja forma e resultado são sempre muito amplamente condicionados pela cultura a que cada um pertence. Vemos, portanto, a adolescência como uma etapa universal de desenvolvimento, mas cuja manifestação, assim como a resolução, variarão (...) de uma época e de uma cultura para outra.

Jeammet e Corcos (2005) ao se referirem à psicopatologia apontam a experiência de passividade como um fascínio, mas, ao mesmo tempo, uma ameaça por remeter o jovem a sua primeira infância. As formas de ataque e abandono a que os jovens vêm sendo expostos, podem ser entendidas por eles como um ataque aos seus objetos internos (figuras parentais) e, conseqüentemente, atingem seu narcisismo e a representação de si mesmos.

O jovem encontra na erotização o reforço do vínculo com os outros como forma de sustentação do próprio ego (eu). No entanto, Jeammet e Corcos (2005) denunciam que o recurso à sexualidade de forma contínua, pode causar uma reação intolerável para o jovem e empurrá-lo ao ato (atuação).

Para Jeammet e Corcos (2005), o essencial para o futuro de uma criança é a garantia de uma boa qualidade das relações materno/infantis, particularmente desde as primeiras trocas marcadas por uma indistinção progressiva sujeito/objeto, sem que a criança sinta o peso do objeto na troca. O autor apropria-se, para exemplificar suas idéias, da frase de Winnicott que afirma que para que a criança possa criar o objeto, é preciso que o objeto esteja lá. Refere-se à construção das bases narcísicas, que dão sustentação para o sentimento de continuidade e segurança internas.

O autor aponta, ainda, que nessa contradição vai se basear o desenvolvimento da criança.

Jeammet e Corcos (2005), com o entendimento de como se constituem as bases narcísicas e de sua importância para o desenvolvimento do indivíduo, postulam que a deficiência no processo de diferenciação interna, pode torná-lo mais vulnerável às pressões do meio ambiente.

A partir dessas constatações, os autores apontam a especificidade da adolescência conforme duas vertentes do desenvolvimento da personalidade:

> a da interiorização – que se nutre do meio ambiente e mais especificamente das pessoas mais investidas e mais importantes – se apóia sobre as relações objetais por meio das zonas erógenas até chegar à constituição do mundo fantasmático e dos objetos internos. São as trocas que literalmente nutrem a personalidade da criança e servem de base às identificações; a da diferenciação, da subjetivação pela qual o sujeito se reconhece e se afirma desenvolvendo o sentimento de sua continuidade, e daquilo que o diferencia dos outros. É o eixo da autonomia e do narcisismo. (...) A adolescência coloca à prova e questiona a solidez de cada um desses eixos e, ao fazê-lo, corre o risco de conflitá-los e de fazê-los parecer como antagônicos em vez de serem complementares. (idem, p.60-1)

Portanto, para o autor, a adolescência é caracterizada pela conjunção dessas duas linhas de desenvolvimento e pela dupla pressão exercida sobre aquela.

Nesse sentido, é primordial que ocorra um equilíbrio entre os recursos internos e o mundo externo. A falha nas bases narcísicas internas faz com que o jovem estabeleça uma relação de dependência com os objetos externos, por confiar que esses objetos possam contra-investir "uma realidade interna que faz pesar sobre o sujeito" como uma ameaça de desorganização. Apoiando-se nessas relações, é que os jovens vão assegurar a continuidade de seu Eu, pois os recursos internos não lhe são suficientes.

No entanto, essas relações vão se traduzir em uma nova forma de dependência e, nesse ponto, podem resultar em "patologias do agir", que se fazem em busca dos "neo-objetos". Dentre esses comportamentos, podemos destacar a conduta aditiva que

> (...) tende a drenar progressivamente os investimentos do sujeito e o que nele permanecia de apetência objetal. Elas se tornam essa "via final comum de descarga de todas as excitações". (idem, p.92)

ADOLESCENTES E JOVENS... EM AÇÃO! **127**

Para sair da dependência do objeto, o jovem acaba criando uma dependência de seu próprio comportamento.

A focalização, por seu lado, pode conduzir ao fechamento nesse comportamento, como se vê na cronificação dos transtornos de comportamento do adolescente. Progressivamente, esse comportamento, que existia para controlar o vínculo de dependência do objeto investido, torna-se o substituto do objeto, quase a razão de viver do adolescente que se enreda sob um modo mais e mais toxicômano ao que devia libertá-lo. (idem, p.106)

Um dos jovens que participa dos grupos por mim coordenados, muito bem quisto pela equipe escolar e colegas, era um rapaz centrado, romântico e sonhador. Aos 16 anos, parecia também muito esforçado e dedicado. Contudo, provinha de uma família com sérios problemas de conduta social e até mesmo de higiene. Seu comportamento demonstrava sentir muita vergonha de seu ambiente familiar. Chegava no grupo sempre depois de tomar banho, limpo e arrumado. Uma vez fui a sua casa (como havia avisado anteriormente) para ver a possibilidade de se construir uma horta no quintal com seus familiares. Quando me viu, percebi o medo que estava sentindo de que eu pudesse entrar na residência. Esse rapaz, que chamarei de Vitor, quando passava por situações mais conflituosas ligava para mim, e o interessante é que nessas situações tratava-me sempre na terceira pessoa:

Será que a Márcia podia vir falar comigo? Aconteceram algumas coisas e eu estou precisando conversar. Não vou atrapalhar a Márcia?

Mesmo quando estávamos frente a frente, havia momentos em que me chamava na terceira pessoa, sobretudo quando falava de assuntos que lhe causava vergonha. Esse rapaz acabou criando uma dependência muito grande de um amigo. Fazia tudo por ele. No entanto, esse amigo tratava-o muito mal. Vitor deixou de freqüentar a escola, a igreja, além de deixar de fazer programas com outros amigos. Sentia-se na obrigação de se torturar para que o amigo sentisse o quanto ele gostava dele e o quanto ele era importante para Vitor. A família de Vitor, bem como a equipe escolar e a própria equipe de saúde que o assistia viam nessa relação, uma relação homossexual, a ponto de ser expulso de casa. Independentemente de sua identidade sexual, pareceu-me que predominou na história de Vitor, muito mais uma relação de dependência de um modo destrutivo e anulador de sua própria subjetividade, talvez até procurando uma forma de se constituir como sujeito.

Sobre esses aspectos, encontramos também em Amaral (2003) reflexões que podem contribuir para a presente pesquisa. Seus apontamentos salientam, sobretudo, o modo como a ruptura do tecido social incide sobre o processo de subjetivação do adolescente em uma cultura baseada na contradição existente entre a absolutização do indivíduo e o esvaziamento de experiência. Amaral apropria-se das idéias de Walter Benjamim, em seus artigos *Experiência e pobreza* (1989) e *O narrador* (1980), e demonstra a redução da experiência coletiva e o empobrecimento da narração, enquanto histórias de vida, ou seja, da dimensão privada da experiência.

Amaral (2003) questiona o próprio conceito de limite, ao deparar com as questões que levam os adolescentes a tumultuar os limites entre o externo (cultura) e o interno (psique). Para a autora, essas respostas estão diretamente relacionadas ao que Herrmann denominou "regime do atentado": sugere um sistema instituído que destitui os indivíduos de sua individualidade. Citando Adorno (1995), denuncia que no mundo contemporâneo se exige a demissão do sujeito.

Entre o social e o psíquico, o jovem vai descobrindo suas formas de defesa e constituição de sua identidade. Se os indivíduos, hoje, carecem de identidade, e a cultura também possui o seu superego (social), qual seria a tendência da nossa civilização?

Como já apontado por Renato Mezan (1995), Freud foi um grande pensador da cultura. Ao construir os pressupostos da Psicanálise, Freud demonstrou a possibilidade e talvez a necessidade de olhar a cultura por meio da psique do indivíduo. Freud não foi propriamente um estudioso da educação, mas se defrontou com sua importância para o desenvolvimento tanto do indivíduo como da sociedade. Ao apontar a impossibilidade do ato de educar, Freud considera que os objetivos da educação caminham, muitas vezes, em direção contrária

ADOLESCENTES E JOVENS... EM AÇÃO! 129

aos da Psicanálise, uma vez que esta, ao contrário daquela, visa liberar o inconsciente das amarras de toda educação moral do indivíduo. No entanto, acreditamos que seja possível nos inspirar nos ensinamentos da Psicanálise para analisar as complexas relações intersubjetivas que perpassam todo processo de educação. Podemos inferir então que a educação vem se deparando com a complexidade cada vez maior das relações sociais, provenientes dos processos de globalização da economia e de mundialização da cultura, que, por sua vez, têm provocado o esgarçamento do tecido social – o que parece intervir na constituição da identidade do sujeito individual e na qualidade das relações intersubjetivas – de modo a intensificar as tendências narcísicas de sujeitos carentes, por sua vez, de experiências coletivas (cf. Amaral, 2001).

Cada vez mais percebo a necessidade de se resgatar a própria noção de indivíduo e de individuação, como forma de repensar as condições dadas nesse sentido para o adolescente. Um investimento que, a nosso ver, passa pela educação, pelas instituições e, por que não, pela saúde pública.

4
ADOLESCÊNCIA E EDUCAÇÃO: O PAPEL DA FAMÍLA, DA ESCOLA E DAS INSTITUIÇÕES SOCIAIS

Assim, a consciência faz de todos nós covardes...
Que a educação dos jovens nos dias de hoje lhes
oculta o papel que a sexualidade desempenhará
em suas vidas, não constitui a única que somos
obrigados a fazer contra ela. Seu outro pecado é não
prepará-los para a agressividade da qual se acham
destinados a se tornarem objetos. Ao encaminhar
os jovens para a vida com essa falsa orientação
psicológica, a educação se comporta como se devesse
equipar pessoas que partem para uma expedição po-
lar com trajes de verão e mapas dos lagos italianos.
Torna-se evidente, nesse fato, que se está fazendo
um certo mau uso das exigências éticas. A rigidez
dessas exigências não causaria tanto prejuízo se a
educação dissesse: "É assim que os homens deveriam
ser, para serem felizes e tornarem os outros felizes,
mas terão de levar em conta que eles não são assim!
Pelo contrário, os jovens são levados a acreditar
que todos os outros cumprem essas exigências éticas
– isto é, que todos os outros são virtuosos. É nisso
que se baseia a exigência de que também os jovens
se tornem virtuosos."

Hamlet, apud Freud, 1929

Conceito e objetivos da Educação no mundo contemporâneo

> De dia ou à tarde a direção fala: "Vai embora. Lava as mãos. Oh, não faz nada". A educação tá podre no Estado. Falam: "Vocês são rebeldes por quê?". Não tá nem aí se tá bebendo ou não. Pode morrê, né. Falam assim: "Pode, morrê." (José, 17 anos)

O interesse desta pesquisa partiu, como apresentei na introdução, de minha experiência com adolescentes por meio de projetos ligados à Secretaria de Saúde do município de Descalvado/SP. O trabalho de prevenção das DST/Aids, da gravidez precoce indesejada, do consumo de drogas, enfim, de situações de vulnerabilidade a que esses jovens vêm se expondo, exigiu uma aproximação dos profissionais de saúde da realidade desses jovens em diferentes espaços. Dentre eles destaca-se o ambiente familiar, o escolar e os diferentes programas e projetos sociais (creches, Programa de Erradicação do Trabalho Infantil (PET), Projeto Agente Jovem, Protagonismo Juvenil, entre outros). O pressuposto básico dessas instituições e programas é o aspecto educativo com o intuito de promover a melhoria de algumas questões sociais candentes. Essa conjuntura é ratificada pela atual Lei de Diretrizes e Bases da Educação (Lei 9394/96) por meio do seu art. 1º:

> A educação abrange os processos formativos que se desenvolvem na vida familiar, na convivência humana, no trabalho, nas instituições de ensino e pesquisa, nos movimentos sociais e organizações da sociedade civil e nas manifestações culturais.

Esse conceito de Educação não restringe a ação educativa ao âmbito escolar. No parágrafo 2º do artigo 1º da mesma lei, é diferenciado o objetivo da educação escolar: "A educação escolar deverá vincular-se ao mundo do trabalho e à prática social". Os argumentos com relação à prática educacional fundamentam-se no lema "Aprender a Aprender" e nos quatro pilares da educação para o século XXI: aprender a conhecer, aprender a fazer, aprender a viver juntos, aprender a ser (Delors,

ADOLESCENTES E JOVENS... EM AÇÃO! 133

2001). Daí subentende-se uma educação para a vida. E como pode ser notado o maior dilema da atualidade está na questão do individualismo e das inter-relações. Retorna novamente para a educação a tarefa de resolver os conflitos sociais.

O título II da mesma Lei, destinado aos Princípios e Fins da Educação Nacional traz os seguintes dizeres no seu artigo segundo:

A educação, dever da família e do Estado, inspirada nos princípios de liberdade e nos ideais de solidariedade humana, tem por finalidade o pleno desenvolvimento do educando, seu preparo para o exercício da cidadania e sua qualificação para o trabalho.

Na Constituição Federal, a educação aparece como "dever do Estado e da família", havendo uma inversão na formulação da Lei.

De certa forma parece haver uma crise na questão do dever, como já apontado por Lipovetsky (1992), oriunda da fragmentação dos pressupostos da educação, que são pensados por diferentes segmentos e instituições, no entanto, sem uma clareza de delimitação de seus espaços e objetivos.

Guiadas por este conceito ampliado de Educação, as demais instâncias como saúde, promoção social e outras instituições, como organizações não-governamentais, apropriam-se do tema conforme lhes convém. Para exemplificar, podemos apontar as políticas do Programa de Saúde da Família e Programas Sociais como o Agente Jovem (promovidos pela Secretaria de Assistência e Promoção Social) que trazem em seus fundamentos a educação para a cidadania. Este perfil representa a opinião incondicional que percorre desde as esferas macroestruturais, inclusive da sociedade civil, até o cidadão comum de que a educação, especialmente a escolarização, é a "solução" para os dilemas sociais que afligem a sociedade contemporânea. (cf. Aquino, 2000). No entanto, como o próprio Aquino (2000) sugere, qual seria essa educação?

Ainda que as palavras sejam utilizadas como sinônimos, os verbos educar e ensinar contêm suas particularidades. Pode-se perceber que ao ato de educar, associam-se conotações ligadas ao caráter, à moral e comportamentos socialmente aceitáveis. O ato de ensinar parece ligar-se mais às atividades e conhecimentos tipicamente escolares. Apesar de aparecer no dicionário a expressão: "oferecer condições para que alguém aprenda", esta se liga a questões da psicologia, e o ensinar "pedagógico" parece estar atrelado à transmissão de conhecimentos, mais do que à sua representação no nível subjetivo. Se nos apegarmos ao significado etimológico da palavra veremos que *educar* significa "colocar para fora" o potencial de indivíduo, e ensinar (in-signo) significa "colocar signos para dentro" do indivíduo. Outeiral e Cerezer (2005) ratificam a idéia sobre a qual refletimos no presente trabalho, ou seja, de que a educação é um conceito abrangente que envolve não somente os aspectos educacionais, mas também os formativos, apesar destes estarem contidos nos objetivos da educação escolar. A educação, nessa perspectiva, pode e deve fazer parte de outras instâncias do cotidiano, desde que não se configure em um discurso inclusive moralista, mas que contemple o entendimento do real objetivo da educação, que é, a nosso ver, proporcionar o bom desenvolvimento do indivíduo e da sociedade.

Quando questionamos os adolescentes sobre questões ligadas à educação (sobretudo a municipal) eles entendem que a educação é boa, mas, às vezes, a própria pessoa (aluno) não ajuda. Percebe-se nessas colocações a representação social assimilada e reproduzida pelos jovens dos aspectos individuais que envolvem o sucesso tanto escolar quanto social (econômico). O interessante é que quando questionamos sobre os fatores que podem estar associados ao não aproveitamento escolar pelos adolescentes, sobressaem as questões da sexualidade:

> Oh, tem uma menina aqui na escola, menina novinha de 13/14 anos, diz que vai para a escola (sexta/sétima série), presta atenção... Vai pra escola – mãe fala. Tudo bem, vai mesmo pra escola?

Apesar da visão de que o jovem não aprende por que não quer (individualismo), a família também acaba sendo muito citada e responsabilizada:

> Tem pais que não dão atenção para os filhos. Aí, os filhos se revoltam quer bater no pai, é essas coisas. (Ava)

ADOLESCENTES E JOVENS... EM AÇÃO! 135

Meu pai também não liga muito. Hoje de manhã mesmo, saí, ia esquentar o leite pra mim vim pra cá, aí falo assim: Não vai esquentar mais leite não, gasta fósforo, não. Aí, já não tomei café, entendeu. (Paola)

Nessas falas, pode-se perceber a ausência de incentivos e a explosão de uma agressividade contida que resultam em uma tensão do jovem e seu ambiente. O maior prejudicado, sempre é o próprio jovem.

Quando se pensa em educação além dos muros da escola, a primeira associação que surge é ligá-la à família. Mas associar a responsabilidade pelo fracasso escolar, ou pelo comportamento "socialmente inadequado" (indisciplina, violência, consumo de drogas) das crianças e adolescentes, exclusivamente à família pode provocar uma rotulação estereotipada e preconceituosa que não permite a ampliação das discussões.

Educação e família

Outeiral e Cerezer (2005, p.11) entendem que "cada família possui uma identidade própria, com fantasias, situações traumáticas, perdas, mitos familiares, segredos e uma história". Ou seja, a família é um agrupamento de pessoas em constante movimento e evolução. Pudemos, ao longo do trabalho, apontar algumas formas de constituição familiar, sobretudo ligadas à evolução do conceito de infância e adolescência, bem como de algumas transformações pelas quais a família se defrontou no último século e as dificuldades que enfrenta na contemporaneidade. É preciso ter clareza da diversidade de modelos de família existentes na atualidade.

Osório (1996, p.24) afirma que a família "é uma instituição cujas origens remontam aos ancestrais da espécie humana e confunde-se com a própria trajetória filogenética". O quadro (anexo I) formulado por Osório (1996) apresenta as transformações da família desde a Idade Média até os dias atuais, baseado nos modelos de estruturas familiares proposto por Mark Pôster, historiador norte-americano em sua obra *Teoria Crítica da Família*. Pelo quadro é possível visualizar a condição da família na era moderna e contemporânea e sua vinculação às mudanças de paradigma sociocultural ao longo do processo civilizatório. Pôster afirma que a família da "Aldeia global" do limiar do século XXI apresenta a função de prover segurança física e psicológica; quanto aos objetivos educacionais, deveria desenvolver aptidões específicas para a vida competitiva.

A Constituição Federal de 1988, e as legislações como A Lei de Diretrizes e Bases da Educação e o Estatuto da Criança e do Adolescente defendem um ideal de família que vai de acordo com a teoria de Pôster. No entanto, o que se observa na sociedade atual é o oposto disso. Tal como apresentado por diferentes jovens atendidos nos grupos por nós coordenados.

Carvalho, em seu artigo *"O lugar da família na política social"* (2002), nos traz uma reflexão acerca do papel que a família vem representando atualmente. A autora aponta algumas premissas necessárias para essa reflexão, dentre elas:

> As expectativas em relação à família estão, no imaginário coletivo, ainda impregnadas de idealizações, das quais a chamada família nuclear é um dos símbolos. A maior expectativa é que ela produza cuidados, proteção, aprendizado dos afetos, construção de identidades e vínculos relacionais de pertencimento, capazes de promover melhor qualidade de vida a seus membros e efetiva inclusão social na comunidade e sociedade em que vivem. No entanto, estas expectativas são possibilidades e não garantias. A família vive num dado contexto que pode ser fortalecedor ou esfacelador de suas possibilidades e potencialidades. (idem, p.15)

Não se trata, a nosso ver, somente de uma expectativa do imaginário coletivo, mas de uma necessidade de garantia de sustentação psíquica (formação das bases narcísicas) para o desenvolvimento do indivíduo realizada por meio das imagos parentais.

Carvalho (2002) apropria-se das idéias de Afonso e Figueiras (1995) para apontar também que é necessária uma observação da família em seu movimento de organização-desorganização-reorganização, ou seja, compreendê-la como grupo social que realizam movimentos que possuem estreita relação com os movimentos socioculturais.

ADOLESCENTES E JOVENS... EM AÇÃO! 137

Nesta perspectiva, a autora afirma que a família pareceu rejeitada durante os anos de *boom* econômico, no interior do modelo do *Welfare State* nos países centrais. De acordo com este modelo o Estado garantia a proteção social como direito dos cidadãos. O indivíduo, agora cidadão, parecia depender somente do Estado para trilhar sua vida e não mais das sociabilidades comunitárias e familiares. Como já apontamos, o considerável avanço conquistado durante este período não foi sentido no então chamado Terceiro Mundo. No entanto, ficou reforçada no imaginário coletivo a expectativa de um Estado capaz de assegurar políticas sociais e de resolver o problema da partilha da riqueza produzida. Os cidadãos fixaram-se na promessa do Estado enquanto garantia do bem-estar social e no trabalho como vetor de inclusão social.

No final do século XX, começou-se a perceber que essas promessas perderam suas garantias e novas formas de políticas sociais fora gestadas:

> É nesse cenário que as redes de solidariedade engendradas a partir da família ganham importância na política social e, em especial, na proteção social movida neste final de século. (Carvalho, 2002, p.16)

Agora, as políticas sociais estabelecem uma partilha de responsabilidade entre as esferas pública, privada e a sociedade civil. Carvalho (2002) aponta que no Brasil essas sociabilidades sociofamiliares e as redes de solidariedade nunca desapareceram, tornando-se condição de sobrevivência para as camadas populares.

A partir da formulação dessas novas políticas, os serviços coletivos vão sendo combinados com outras modalidades de atendimento, com sustentação na família e na comunidade.

> Fala-se menos em hospital e mais em internação domiciliar, médico de família, cuidador domiciliar, agentes comunitários de saúde.(...) Já se questiona a escola em tempo integral, propondo-se em seu lugar a jornada educacional de tempo integral. Projeta-se uma escola de tempo parcial conjugada a outros programas e serviços complementares que ampliam as oportunidades e os estímulos no desenvolvimento infanto-

juvenil. A família é revalorizada na sua função socializadora. Mais que isso: é convocada a exercer autoridade e definir limites (...). Fala-se em comunidade presente na escola. (idem, p.17)

Carvalho (2002) aponta a possibilidade de dar suporte familiar, por meio de agentes e cuidadores domiciliares que teriam como objetivo apoiá-las nos cuidados e proteção à criança, idosos, pessoas portadoras de deficiências e também com o objetivo de assessorá-las na montagem de empreendimentos geradores de trabalho e renda, assim como na implementação de projetos necessários para a melhoria da qualidade de vida. Percebe-se um descrédito nas funções sociais das instituições, levando ao fortalecimento da família e da comunidade nos projetos e serviços públicos como resposta aos atuais problemas sociais. Dessa forma, a família retoma um lugar de destaque nas políticas públicas sociais, o que não deveria desresponsabilizar o Estado de sua função protetora.

No entanto, diante do atual contexto socioeconômico, Carvalho (2002) aponta a carência de proteção da própria família que necessita de atenções básicas. A autora cita dentre elas a necessidade de acolhimento e escuta, de uma rede de serviços de apoio psicossocial, cultural e jurídico, programas de complementação de renda, programa de geração de trabalho e renda. Neste ponto, apresentamos algumas restrições ao pensamento de Carvalho, que poderão ser melhor discutidas nas considerações finais deste trabalho. Acreditamos que o apoio de caráter psicossocial, cultural e jurídico, sejam importantes e até necessários; no entanto, quanto aos programas de geração de renda, receamos que possa se tornar uma forma paliativa e, até mesmo, camuflar a falta de oportunidades de melhoria de condição de vida. Talvez, precise ser pensado em políticas econômicas que garantam melhor acesso e permanência no mercado de trabalho.

O poder da família foi institucionalizado nas últimas décadas, ou seja, o poder que a família tinha de educar e socializar foi diminuído; no entanto, ao pensar políticas pretensamente fortalecedoras da família, corre-se o risco de perder ainda mais as distinções entre o público e o privado.

No entanto, ao lado do discurso de fortalecimento da família, crescem iniciativas de programas, projetos e instituições para promover a

ADOLESCENTES E JOVENS... EM AÇÃO! 139

"atenção" às crianças e adolescentes em situações de vulnerabilidade – leia-se também, como soluções para "tirá-las das ruas". As instituições existentes também passam por reformulações, como o caso da Febem, por exemplo, que procura tomar o caráter educativo e de (re) socialização como o cerne de suas atividades, ao lado de iniciativas que envolvam a família neste processo.

No relato dos adolescentes, nos trabalhos que desenvolvemos na Casa do Adolescente, é interessante ressaltar que a maioria defende e procura em suas famílias todas as qualidades possíveis, até mesmo como forma de autodefesa. Mas também percebem na sociedade em geral formas de relações no interior de agrupamentos (não necessariamente familiar) que acabam reproduzindo situações de risco, sem se dar conta:

E a violência doméstica, dentro de casa. O esposo bate na mulher, né. É uma coisa a pessoa não deve... é coagida? A pessoa tem que se defender. Denunciar. Não deixa que isso continue a acontecer, né? Pode causar a morte da pessoa, né. E violência sexual, né. Isso atinge muitas crianças pequenas. (...) Pai querendo bater no filho, o filho querendo bater no pai, entende? Uma coisa querendo bater para machucar, querendo até matar o filho, entende?

Nessas falas, parece-nos também uma denúncia e um pedido de socorro diante das próprias condições de vida, na tentativa de ultrapassar os fatos, e tomá-los como objetos de reflexão e de crítica social.

Educação e instituições

Aquino (2000), em seu livro *Do cotidiano escolar: ensaios sobre a ética e seus avessos*, ao abordar o tema violência, traz algumas contribuições importantes para nossa trajetória teórica a respeito da educação e de suas interpretações em diferentes instituições. Aquino (2000) recorre às idéias de Jurandir Costa Freire (1993), que aponta para uma espécie de familiarização com a violência no cotidiano das instituições brasileiras. Ou seja, de que somente a própria força resolve conflitos, tornando a violência um item obrigatório na visão de mundo, e, de certa forma, sustentando a visão de que o crime é inevitável (cf. Costa, 1993). Jurandir Freire denominou esses efeitos no cotidiano de "cultura da violência". Esses efeitos, conforme Aquino (2000, p.162), parecem figurar como processos de exclusão de uma grande camada da população brasileira, funcionando como um processo inverso ao da inclusão, "isto é, o pertencimento efetivo às instituições sociais – condição necessária para aquilo que temos proclamado nos últimos tempos como 'cidadania plena' ". Como salientamos anteriormente, a maioria dos programas, projetos, ou mesmo das políticas, sejam educacionais, sociais ou de saúde, enfatizam além da resolução dos problemas sociais do país, o pleno exercício da cidadania e da melhoria da qualidade de vida. Eis o bordão do século XXI.

A este respeito, Aquino (idem, p.162) argumenta que nessa perspectiva a violência:

> poderia ser interpretada como irrupção de forças reativas a enquadres sociais ainda demasiado estratificados, ainda extremamente desiguais, os quais se pode testemunhar no dia-a-dia de um país como este.

Com essas afirmações, o autor nos traz a confirmação da falência das instituições em desempenhar seu papel na organização social, como já apontado anteriormente e, neste ponto, apontamos o discurso educacional, de um lado como "solução" para os problemas sociais; de outro, entendido somente como um discurso desvinculado de práticas pedagógicas que privilegia as relações constitutivas desses espaços.

Entre as outras formas de violência, as jovens do município de Descalvado que participam com os grupos na Casa do Adolescente citam o preconceito do qual são vítimas em diferentes ambientes. Ava e Jôse são nortistas e possuem pele escura (não necessariamente negras). Ava parece sentir muito preconceito por parte dos colegas de escola, por causa de sua cor e de seu sotaque. Jôse já não relata essas situações, mas em sua postura e colocações dá a entender um mal-estar com relação ao seu corpo (obesidade). As diferenças culturais são relatadas pelas jovens como uma forma de desumanização das relações. No norte, como as desigualdades

ADOLESCENTES E JOVENS... EM AÇÃO! 141

sociais são tratadas com menor distanciamento no campo da convivência social (ao menos onde morava essa garota), e como a maioria possui os mesmos problemas, as pessoas tendem a ajudar-se mutuamente, e sobrevivem desta solidariedade coletiva (como apontado por Carvalho, 2002). No Sudeste, as pessoas são julgadas pelo que ostentam possuir. Talvez a percepção da garota entrevistada aponte para "o narcisismo das pequenas diferenças", tal como salientara Freud, em *Introdução ao Narcisismo* (1973d), a propósito do surgimento das hostilidades entre grupos muito semelhantes entre si, que no caso se aplica à mentalidade das classes médias urbanas, cujas relações interpessoais são direcionadas conforme esses julgamentos. Apesar de parecer que os jovens se posicionam criticamente diante dessas formas de exclusão, acabam assumindo passivamente o papel que lhes é conferido pela sociedade. O que salta aos olhos, entretanto, é um sentimento de abandono, presente em suas falas e a profunda solidão com que se deparam no processo de constituição e de formação de suas identidades e valores.

Aquino (2006) em seu artigo *Os novos horizontes educacionais*, discorre sobre o papel socioeducativo das ONGs. Segundo o autor, o chamado Terceiro Setor é uma via pela qual o capitalismo atinge o "negócio da miséria", expressão, a seu ver, das novas formas escravagistas. As ONGs sob os bordões de "responsabilidade social", "solidariedade", "voluntariado", entre outros, na verdade representam uma indústria rentável. No entanto, Aquino salienta que essas organizações passaram a dividir com as escolas, a responsabilidade de guarda – ainda que sob o invólucro de "proteção" – da infância e da adolescência, principalmente as que se encontram em situação de risco. O autor aponta os possíveis efeitos que essas práticas podem causar no cenário educacional contemporâneo:

Dada a baixa resolutividade do modelo escolar estatal, tais ONGs representariam uma tendência dominante quanto ao tipo de educação que dispensaremos às camadas populares num futuro próximo. É possível, pois, que elas acabem se firmando como as sucessoras naturais das "boas ações" educativas que um dia foram sediadas nas salas de aula, hoje em estado agônico. (ibid.)

Essa é uma das preocupações dessa pesquisa, haja vista a proliferação e a naturalização do termo Educação, concebida sem reflexão, devendo ser, ao contrário, guiada por objetivos que não perpetuem o modelo capitalista hegemônico, hoje vigente, e como já visto, que tantos males causam para a subjetividade do indivíduo e para a própria cultura. No entanto, nossa vivência vem nos demonstrando excelentes experiências educativas praticadas por ONGs e outras instituições e programas, como o próprio trabalho realizado na Casa do Adolescente, em Descalvado, que têm conseguido resgatar a cidadania e o próprio desenvolvimento subjetivo de alguns jovens. O acolhimento e a atenção de muitos profissionais têm sido o principal aspecto de mudança de comportamento e elaboração de projeto de vida.

> Aqui foi o único lugar em que eu me senti escutada. As pessoas olham para mim e dizem que me ouvem, mas me tratam como se eu não estivesse aqui. (Linda, 16 anos)

O aspecto educativo tem muito mais de relações, do que efetivamente conteúdos e métodos. Os adolescentes e talvez o próprio indivíduo carecem de olhar e de toque, um toque que seja além do que os olhos e a pele possam de fato sentir.

No entanto, nossa experiência demonstrou também, algumas inconsistências apontadas por Aquino. Algumas ONGs e instituições, como casas de recuperação de dependência química, são de quando em quando, alvos de denúncias de irregularidades administrativas e terapêuticas. Após uma intervenção em uma ONG no município de Descalvado, uma das profissionais apresentou o consenso apresentado pelos internos em um dos trabalhos desenvolvidos: "Agora nós temos Paz, Tratamento e Comida..."

Por essas experiências, percebe-se a necessidade de maior definição nos objetivos e fiscalização pela sociedade em geral das instituições e ONGs em geral. Sobretudo, há necessidade de maior transparência com relação aos objetivos e formas educacionais estabelecidos e aplicados. Entre essas definições é necessário além da definição, clareza também por parte dos profissionais que atuam nas instituições de

ADOLESCENTES E JOVENS... EM AÇÃO! 143

educação formal e não-formal, de modo que a instituição Escola possa desempenhar seu papel de modo mais consistente, minimizando reclamações dos educadores de que agora a escola tem de assumir tudo; ao mesmo tempo em que as demais instituições também não assumam papéis que são pertinentes à escola.

Aquino aponta que o universo dos princípios e valores (que regem as ações humanas) relacionam-se ao campo da ética, sendo esta, ao mesmo tempo, de essência psicológica, ou seja, desencadeadora de modos de subjetivação. Aquino (2000, p.18) faz referência a Guirado para explicar o que discorre:

> Tomamos a Psicologia (em geral percebida e efetivada como uma abordagem do indivíduo) e procuramos aproximá-la da Psicanálise, no sentido de fazer dela um trabalho no nível das representações e do inconsciente. (...) Por esta razão, temos de resgatar-lhe o caráter de conhecimento da relação (não do indivíduo) – o que, pela Psicanálise se justifica. (...) Desse ponto de vista (clínico), o objeto da Psicologia são as relações; mas não as que materialmente se dão e sim, tal como imaginadas, percebidas, representadas pelo sujeito. O que caracteriza o especificamente humano e psicológico não são as habilidades e capacidades dos indivíduos, tomadas como coisas em si, mas sim o universo de suas representações e afetos.

Nessa perspectiva, Aquino aponta que o ser humano se constitui enquanto sujeito psíquico à medida que nos relacionamos com o outro. É por meio dessas relações que se constituem as formas de pensar, sentir e agir no mundo. Isso se dá na sociedade, na cultura em que o ser humano (con)vive, ou seja, nas instituições. Deste modo, para o autor, toda subjetivação é um processo de cunho institucional, e o sujeito só pode ser pensado à medida que pode ser situado em lugares e relações concretas.

> A noção de sujeito psicológico passa a implicar, dessa forma, o lugar institucional a partir do qual pode ser regionalizado no mundo (sujeito sempre institucional, portanto). (idem, p.18)

Desta forma, as institucionais deveriam garantir a confiança que os sujeitos psicológicos depositam e necessitam nas relações que efetivam dentro das instituições. Daí nos perguntamos: será que isso vem sendo garantido?

Elen, uma jovem de 20 anos que participou de um dos grupos conosco era muito ativa e dedicada. Estudava durante o dia, fazia cursos à noite e participava das atividades oferecidas na Casa do Adolescente, sobretudo de Inglês e Grupos de Atividades. Apesar de todas essas investidas, verbaliza que o único lugar em que se sente acolhida é na Casa do Adolescente. Quando fala do companheiro, só descreve situações perfeitas, quase como um conto de fadas. Apesar de sua posição e fala decidida e direta, parece-me expor uma fragilidade e uma necessidade de vínculos institucionais (de pertencimento) que estão ausentes em sua vida. Canta músicas com letras que demonstram sua fragilidade e carência afetiva.

Além das transformações e dos reflexos da fase da adolescência, parece haver um sentimento de abandono na maioria dos jovens com quem convivemos.

Guirado (1986), em sua pesquisa com crianças atendidas pela Febem, apresentada no livro *Instituição e Relações Afetivas: o vínculo com o abandono,* depara-se com o fazer da instituição mais ligado à conservação do abandono, do que com a conservação das crianças que foram abandonadas. Nesse sentido afirma:

> O que, em verdade, parece se conservar é o abandono, não a criança. Esse tem lugar na instituição, tece-se na trama da intersubjetividade. (idem, p.200)

A autora vai questionar, então, a função dessas instituições responsáveis pelo "conserto" da desorganização provocada pela família.

Se a educação passa, então, pela família que hoje se apresenta sem parâmetros e estruturas mínimas para proteção e desenvolvimento de seus membros; pela escola, que se encontra anacrônica quanto aos seus objetivos e clientela, encontrando-se desestabilizada em seu papel social; e pelas instituições e programas que apresentam um caráter

ADOLESCENTES E JOVENS... EM AÇÃO! 145

imediatista e, apesar do discurso, não conseguem promover processos de inclusão; como atingir o objetivo de desenvolvimento do indivíduo e da sociedade?

Educação e Psicanálise

> *"Educar, ao lado de governar e psicanalizar, é uma profissão impossível."*
>
> Freud, 1937

No capítulo "Indivíduo e cultura", verificamos as facetas que a cultura contemporânea impõe ao processo de subjetivação do indivíduo. A cultura contemporânea, que enaltece o consumismo, o narcisismo, o individualismo e a competição, tem demonstrado seus efeitos no indivíduo e nas práticas institucionais – que contemplam a educação – incitando a produção de consumidores de informações em vez da produção de sabedoria, fruto da experiência e a tradição. Oliveira (2003, p.244) aponta que:

> (...) a educação não se ocupa da preparação de pessoas aptas a elaborar conceitos de verdade e de valor, mas sim a apossarem-se de competência e eficiência a partir de aquisições ditas objetivas, calculáveis e informativas.

Neste contexto, quais seriam as interfaces da Educação e da Psicanálise?

Freud ao pesquisar a origem dos sintomas neuróticos de seus pacientes, e também sobre o desejo de conhecer, da curiosidade, do funcionamento da psique humana, depara-se com a questão da Educação. Em seus estudos sobre a sexualidade, ele aponta o papel que a educação tinha na repressão de caráter moral sobre as práticas sexuais. A esse respeito, Kupfer (2000, p.37) salienta que:

> Na época em que Freud ligava, simplesmente, doença nervosa à moralidade – e, portanto, à educação – era simples propor uma profilaxia das

146 MÁRCIA APARECIDA BERTOLUCCI PRATTA

neuroses por meio de um processo educativo. Bastaria recomendar uma redução da severidade imposta pelos educadores às crianças.

Avançando em suas investigações, Freud passa a entender a necessidade da repressão para o bom funcionamento psíquico, referindo-se à autoridade na educação como necessária, mas não de forma excessiva. Kupfer (2000), ao analisar o percurso de Freud em seus estudos psicanalíticos, aproximando-os da questão da educação, aponta a descoberta da sexualidade infantil e o fato da pulsão sexual poderem ser decomposta em pulsões parciais como essencial para se pensar a educação. Kupfer (idem, p.41) aponta que as pulsões parciais têm um caráter errático:

> Se a pulsão sexual não possui qualquer das fixações do instinto, se o objeto pelo qual se satisfaz lhe é indiferente (já que pode ser uma mulher ou uma peça de vestuário, no caso, por exemplo, do fetichista), se ele é intercambiável, se seu objetivo pode ser atingido pelas mais diversas vias, e é desviante por natureza, errática, portanto, de certo modo, a pulsão sexual é então capaz de enveredar por caminhos socialmente úteis.

Ou seja, as pulsões sexuais são passíveis de sublimação e é, nesse processo, que se insere a importância da educação. A sublimação consiste em utilizar a energia sexual, inibindo-a em seu fim sexual e desviando-a para atividades "espiritualmente elevadas", tais como: produção científica, artística, e outras que promovam a elevação do bem-estar e da qualidade de vida dos homens (cf. Kupfer, 2000).

Em seu trabalho *Explicações, aplicações e orientações,* Freud (1973a, p.182-3) ressalta que:

> a tarefa primeira da educação é que a criança aprenda a controlar seus instintos. É impossível conceder-lhe liberdade de pôr em prática todos os seus impulsos sem restrição (...). Por conseguinte, a educação deve inibir, proibir e suprimir, e isto ela procurou fazer em todos os períodos da história (...) assim, deve-se descobrir um ponto ótimo que possibilite à educação atingir o ponto máximo com o mínimo de dano. Será, portanto, uma questão de decidir quanto proibir, em que hora e por quais meios.

ADOLESCENTES E JOVENS... EM AÇÃO! 147

Nesta perspectiva, Souza (2003) apropria-se das idéias de Millot (1987) acerca do pensamento de Freud (1969) sobre as dificuldades que a civilização encontra para "conciliar as exigências egoístas do indivíduo com as renúncias impostas pela própria civilização; o respeito ao outro; a renúncia ao narcisismo; o acesso ao princípio da realidade e a sublimação em suas diversas formas" (Souza, 2003, p.145). Essa reflexão é o ponto central de nossa reflexão, na medida em que coloca para a educação a tarefa de proporcionar o desenvolvimento do indivíduo em relação às imposições da civilização, de modo a garantir também sua capacidade de ser feliz.

No entanto, percebe-se uma inversão na compreensão do papel da repressão e do recurso a uma liberalidade excessiva tanto pelos pais quanto pelos educadores. O próprio Freud denunciou os efeitos que uma educação liberal traria:

> A criança deve aprender a controlar seus instintos. É impossível conceder-lhe liberdade de pôr em prática todos os seus impulsos, sem restrição. Fazê-lo, seria muito instrutivo para os psicólogos das crianças, mas a vida seria impossível para os pais e as próprias crianças sofreriam graves prejuízos (...). (idem apud Freud,1929, p.22)

Em um dos grupos com adolescentes, questionamos sobre quais atitudes eles tomam quando as coisas não são ou acontecem como eles gostariam, sobre o que fazem para mudar. Entre outras coisas, o que mais nos surpreendeu foi uma fala que apontava o seguinte:

> O mundo é assim...
> O egoísmo, o dinheiro, o preconceito.
> Tudo isso é errado?
> É o povo.

A impossibilidade de mudança, em si mesmo e nas pessoas em geral, parece pairar sobre os jovens, que acabam desacreditando também na própria educação, seja em benefício próprio, seja em benefício da sociedade.

148 MÁRCIA APARECIDA BERTOLUCCI PRATTA

Segundo Kupfer (2000), a impossibilidade de se poder educar encontra-se no caráter inconsciente do processo educativo. Pois "o educador deve promover a sublimação, mas a sublimação não se promove, por ser inconsciente" (idem, p.50). No entanto, a educação encontra-se no centro das discussões atuais na tentativa de possibilitar a satisfação do ser humano e a melhoria da civilização.

Segundo uma mesma perspectiva, Oliveira (2001, p.41) interpreta a definição de educação na teoria psicanalítica da seguinte maneira:

> Freud define a educação como um incentivo à conquista do prazer e a sua substituição pelo princípio de realidade, refere-se a ela como protetora do prazer e não como sua opositora (...) é evidente que ambos – Freud e Käes – vêem a educação como um processo de limites e possibilidades e, ao mesmo tempo, criativo, concebido como obra da imaginação e do desejo – num meio de conformar o desejo.

A educação envolve desejo, paixão e, nesse ponto, necessariamente a relação com o outro. Nessas relações intersubjetivas (inconscientes), se dá a nossa formação. A forma como educamos e o conhecimento que transmitimos acabam sendo incorporados por aquilo que somos, da história que construímos de nós mesmos. Oliveira (2003) aponta que a educação escapa à intenção do educador, por ser fruto da qualidade das relações intersubjetivas estabelecidas com o jovem educando.

Já apontamos, anteriormente, as peculiaridades dos adolescentes e jovens contemporâneos, bem como as premissas educacionais do século XXI e as especificidades da psicanálise acerca da educação. A tarefa seria agora pensar na questão da educação para o público adolescente e jovem, se possível para além das propostas atuais que envolvem metodologia, atividades extracurriculares, esporte etc. As chamadas "ações para jovens carentes que poderiam estar envolvidos com drogas", talvez possam ser repensadas a partir das reflexões teóricas apresentadas neste trabalho e das representações do que foi possível apreender de nossas experiências com adolescentes.

5
CONSIDERAÇÕES FINAIS

Caminho agora para as considerações finais com a sensação de que ainda há muito o que se pesquisar e o que se discutir. Percebo também, o quanto de conhecimento e de mudança de prática pude conquistar para além do que pôde ser exposto nestas páginas. Acredito ser nisso que consiste a verdadeira aprendizagem.

Na verdade, a presente pesquisa partiu de um sonho – talvez utópico e romântico – de buscar alternativas para uma Educação que contemplasse as necessidades do adolescente moderno, e assim, proporcionasse condições para um futuro melhor para a própria sociedade em que está inserido. Percebi, durante a pesquisa, que a educação – formal e informal – tal como está estruturada não pode dar conta de toda a complexidade que comporta o ser humano e a cultura, sobretudo na sociedade contemporânea.

Entre as inquietações que eu sentia, uma delas dizia respeito aos fenômenos observados no Brasil e em diversos outros países, principalmente relacionados aos atos e às atuações dos adolescentes. Comportamentos, em sua maioria envolvendo situações de agressividade, às vezes, direcionados contra a sociedade; às vezes, contra si próprios. Drogas, bulimia, promiscuidade, assassinatos, recusa a pensar, dificuldades de aprendizagem, são algumas das "atuações" que têm sido adotadas pelos adolescentes e jovens de hoje. Parece que o adolescente vem assumindo o papel de "vilão" na cultura contemporânea. Como apresentei no primeiro capítulo, trata-se da reprodução do fenômeno ligado à adolescência em todo o país, em uma cidade do interior, cujas características sociais também se ligam aos paradigmas contemporâneos, mas com maiores possibilidades de suporte social e oferta de serviços tanto pelo Estado, quanto pela sociedade civil (ONGs, associações). Apesar dessa estrutura de apoio, percebe-se um aumento das dificuldades no trato com os adolescentes e jovens; fenômeno também observado com crianças. O prolongamento da adolescência se dá pela supervalorização que esta fase vem apresentando, apesar dos preconceitos e rótulos apontados em torno dessa idade da vida. São contradições características de uma cultura contemporânea que vem causando sérios prejuízos à constituição do sujeito, fato expiado pelos adolescentes e jovens hoje.

Diante desse quadro, busquei aprofundar estudos, utilizando fontes bibliográficas e as falas dos jovens durante minha prática profissional, de modo a tentar entender os aspectos sociais e psicológicos que pudessem estar levando esses jovens para essas situações de risco e assim, talvez, repensar os caminhos da Educação para este público.

A psicanálise foi utilizada como fundamento teórico para olhar, sobretudo, a cultura – sua origem, desenvolvimento e como está estruturada na atualidade – e qual a sua incidência no indivíduo e, portanto, no adolescente. Os fundamentos teóricos dos quais nos apropriamos para entender o adolescente no âmbito psicológico, principalmente sobre as hipóteses da ocorrência de comportamentos-limite, ampliaram meu olhar para o entendimento dos movimentos internos (psíquicos) e externos (sociais) dos quais o adolescente vem se utilizando, constituindo o que se denomina de "fenômeno adolescente contemporâneo".

Diante do exposto, passo a considerar algumas hipóteses que abstraí a partir da pesquisa realizada, que possam levar a algumas propostas nos âmbitos da Saúde e da Educação.

Dos dados apresentados que refletem a questão do preconceito e "rotulação" desses adolescentes, pode-se inferir que a fórmula "*desobede-serás*", de Fábio Herrmann, tão bem apropriada por Oliveira (1984), oferece explicações que me parecem bastante concernentes ao

ADOLESCENTES E JOVENS... EM AÇÃO! 151

tema. O *obede* oferecido pela sociedade é caracterizado pelo "rótulo", por meio do qual o adolescente é visto pela mesma sociedade. O adolescente ensaia alternativas de *des* da fórmula *"des-obede-serás"*, buscando seu lugar na construção da cultura, com seus sonhos e angústias. No entanto, percebe-se que a sociedade contemporânea não lhes oferece os recursos que lhes permitam elaborar esses sonhos e angústias. Desta forma, o adolescente acaba assumindo o *serás* sem condições para tanto, por falta de possibilidades externas (sociais) e internas (psíquicas) que lhe permitam *des*obedecer. Neste ponto, aproprio-me das discussões de Amaral (2001), que ao interpretar o *"Regime do Atentado"* de Herrmann, vê no adolescente a mimese da mesma ética que lhes é apresentada, que acaba produzindo a demissão do próprio sujeito. O adolescente acaba, então, impedido de *ter* e de *ser*.

A Psicanálise – seja quanto ao método, seja quanto ao corpo teórico – também possibilitou uma articulação dos aspectos sociais e psíquicos, na medida em que oferece pressupostos da relação entre indivíduo e cultura, inclusive de como essa relação foi se modificando nas diferentes épocas da História. Assim, foi possível perceber as transformações nas formas de repressão das pulsões do indivíduo – seja de maneira ostensivamente repressiva, seja por excesso de liberdade (controlada pela sociedade capitalista) – com suas conseqüências para o próprio indivíduo e para o nosso indivíduo adolescente. Por meio da análise dessas situações e pressupostos teóricos, é possível inferir que os sintomas sentidos nos adolescentes possam estar refletindo, não somente um pedido de socorro dos mesmos, mas um mal-estar contemporâneo da própria cultura, cujo superego corre o risco de "esgarçamento", como vem ocorrendo com o tecido social. Caso isso persista, qual será o futuro da civilização?

Quando olhamos para as questões da adolescência, sua constituição enquanto categoria social, com suas características próprias, independentemente do período histórico, continuo acreditando em sua capacidade de mudar normas e construir a história. Vejo no adolescente a possibilidade de reação à cultura contraditória existente na contemporaneidade, por seu caráter questionador e de esperanças. Como essas características estão sendo anuladas na adolescência, há que se pensar em formas de educação que possam enfatizar, explorá-las, resgatando os aspectos positivos que essa fase da vida oferece tanto para o indivíduo, quanto para a sociedade. Esses ideais já foram mencionados e defendidos por outros teóricos, no entanto, o reflexo na prática está sendo percebido, como verificamos, de modo deturpado e despreparado pelas diferentes instituições que trabalham com jovens hoje (escola, ONGs e a própria saúde). Os aspectos valorizados no adolescente pela sociedade atualmente são muito mais os valores estéticos (narcísicos) do que éticos. Sendo assim, questionamo-nos se é ao adolescente que a Educação pensada nesta pesquisa deva ser direcionada, ou se deve ser dirigida muito mais à sociedade.

Se tomarmos a Psicanálise e sua explicação sobre o processo educacional, deparamo-nos com outras limitações. Os educadores – incluindo, aqui, instituições, como Família, Saúde, Escola etc. – são fruto dessa sociedade e de histórias de abandono, desprestígio e desencanto. São decorrentes da cultura contemporânea contraditória, que não recompensa a repressão que exerce sobre suas pulsões. Essas características sentidas nos profissionais que atuam com jovens e adolescentes acabam perpetuando a situação de pobreza cultural e social estabelecida.

Preocupo-me com as formas de educação que estão sendo incentivadas pela sociedade organizada (ONGs) e pelo poder executivo (Programa Saúde da Família, Projeto Agente Jovem, por exemplo), de um lado, por estar causando talvez uma invasão do espaço privado (da família e do indivíduo) que precisa de coação externa para evitar comportamentos e situações de vulnerabilidade, portanto, limitando a autonomia e aumentando o controle da sociedade sobre essa instituição (Família) e sobre o próprio indivíduo. Por outro lado, se os profissionais que atuam nesses espaços de acolhimento e educação dos jovens e adolescentes não estiverem preparados psíquica e teoricamente, podem causar danos ainda maiores, não atingindo o objetivo a que se propõem. Ressalto que esses objetivos podem ser coerentes e auxiliar, se alcançados, na mudança necessária que possibilite a constituição da identidade de nossos jovens e, quem sabe, de nossa própria cultura.

Sendo assim, identificamos que a intersecção da Educação e da Saúde voltada para os adolescentes e jovens consiste em um olhar atento voltado à saúde mental e à educação dos profissionais que atuam com eles. Não basta uma formação adequada ou a expansão de projetos, mas espaços de diálogo e reflexão multiprofissional e multisetorial que contemplem, além das discussões e estudos sobre a adolescência e sobre os adolescentes hoje, o resgate e a valorização das histórias desses profissionais. Objetivando, sobretudo, reconstituir a trama de histórias que se imbricam com outras, de modo a desconstruir o caráter individualista imperante hoje e construir histórias que coloquem a ética como fundamento da convivência social.

Começamos a presente pesquisa com uma história, e deixo aqui o apelo para o resgate de outras histórias, pois são por meio delas que nos constituímos como seres humanos e como seres compromissados com o mundo em que vivemos.

Referências bibliográficas

ABERASTURY, A., KNOBEL, M. Adolescência Normal. *Um enfoque Psicanalítico*. Porto Alegre: Artes Médicas, 1981.

AQUINO, J. G. *Do cotidiano escolar:* ensaios sobre a ética e seus avessos. São Paulo: Summus, 2000.

_____. Os novos horizontes educacionais. *ONGs parecem figurar como resposta histórica ao esgarçamento dos pactos.* http//revistaeducacao. uol.br/textos.asp?Codigo=11368 em 1.5.2006.

ALMEIDA, P. C. A. de. *A prática pedagógica junto a alunos adolescentes:* as contribuições da Psicologia. Campinas, 1999. Dissertação de Mestrado. Universidade de Campinas.

ALVES, C. M. S. D. In *Disciplina na escola:* cenas da complexidade de um cotidiano escolar. Campinas, 2002. Dissertação de Mestrado. Universidade de Campinas.

AMARAL, M. G. T. do. *O espectro de Narciso na Modernidade:* de Freud a Adorno. São Paulo: Estação Liberdade, 1997.

_____. *Da Arte do bem narrar à narrativa da análise:* uma tarefa possível no mundo em que vivemos? Revista Percurso, 28 (1): 35-40, 2001.

_____. *No entrelaçamento da crise da subjetividade contemporânea com a crise da psicanálise:* o que a desmedida do amor passional e o funcionamento-limite têm a dizer. www.estadorgerais.org/história em 13.12.2003.

ANOS 60: Perfil dos Jovens na Época da Contestação. *Os anos 60:* a década que mudou tudo. Publicado originalmente na Edição Especial da Revista Veja. www.newagepunk.com/tranzine/13/anos60.html/ em 25 de novembro de 2005.

ARIÈS, P. *História Social da Criança e da Família.* Trad. Dora Flasman. 2.ed. Rio de Janeiro: LTC – Livros Técnicos e Científicos Editora S.A. 1981a.

_____. *História da vida privada.* 2.ed. Rio de Janeiro: LTC – Livros Técnicos e Científicos Editora S.A. 1981b.

ASSOCIAÇÃO BRASILEIRA DE NORMAS TÉCNICAS. NBR 10520: informação e documentação: citações em documentos: apresentação. Rio de Janeiro, 2002.

BAUMAN, Z. *O mal-estar da pós-modernidade.* Rio de Janeiro: Jorge Zahar Editores, 1998.

BECKER, D. *O que é adolescência?* 13.ed. São Paulo: Brasiliense, 1994.

BOBBIO, N. e BOVERO, M. *Sociedade e Estado na Filosofia Política Moderna.* Trad. Carlos Nelson Coutinho. São Paulo: Brasiliense, 1986.

BOGDAN, R., BIKLEN, S. *Investigação Qualitativa em Educação:* uma introdução à teoria e aos métodos. Portugal: Porto Editora, 1999.

BRANDÃO, J. R. de M. *Adolescentes infratores em São Paulo:* retrato da exclusão social. São Paulo, 2000. Dissertação de Mestrado. Universidade de São Paulo.

BRASIL. Secretaria de Educação Fundamental. Parâmetros curriculares nacionais: terceiro e quarto ciclos: apresentação dos temas transversais. Secretaria de Educação Fundamental. Brasília: MEC/SEF, 1998.

_____. Lei de Diretrizes e Bases da Educação, n° 9394/96.

_____. Constituição Federal, 1988.

_____. Ministério da Saúde. SE/DataSUS, 2005.

CALLIGARIS, C. *A Adolescência.* São Paulo: Publifolha, 2000.

CARVALHO, M. do C. B. O lugar da família na política social. In CARVALHO, M. do C. B. (Org.). *A Família Contemporânea em Debate.* São Paulo: Educ/Cortez, 2002.

CASTRO, M. H. G. de. *Educação para o século XXI – O desafio da qualidade e da eqüidade.* Brasília: Inep, 1999.

CAVALCANTI, M. M. *Adolescente Infrator:* um problema que atravessa a História. Revista Eletrônica de Ciências Sociais, n.21. ISSN 1517-6916. João Pessoa, 2000.

CHEVALLIER, J.J. História do pensamento político. *O declínio do Estado-Nação monárquico.* Rio de Janeiro: Zahar Editores, 1983.

ADOLESCENTES E JOVENS... EM AÇÃO! 157

COMISSÃO DE SAÚDE DO ADOLESCENTE. *Adolescência e saúde.* São Paulo: Paris Editorial/Secretaria de Estado da Saúde, 1988.

CONSELHO FEDERAL DE PSICOLOGIA. *Adolescência e psicologia*: concepções, práticas e reflexões críticas. Maria de Lourdes Jeffery Contini (Coord.). Sílvia Helena Koller (Org.). Rio de Janeiro: Conselho Federal de Psicologia, 2002.

CORTI, A. P. *Diálogos com o mundo juvenil:* subsídios para educadores. São Paulo: Ação Educativa, 2005.

DELORS, J. *Educação:* um tesouro a descobrir. São Paulo: Cortez; Brasília, DF: MEC: Unesco, 2001.

DICIONÁRIO DE ECONOMIA in www.esfgabinete.com/dicionari o/?procurar=1&palavraRAW=BABY_BOOM

FORACCHI, M. M. *O estudante e a transformação da sociedade brasileira.* 2.ed. São Paulo: Companhia Editora Nacional, 1977.

FREUD. S. Explicações, aplicações e orientações. *Obras Completas.* Rio de Janeiro: Imago, 1973a.

_____. Mal-estar na civilização. 1929. *Obras Completas.* Rio de Janeiro: Imago, 1973b.

_____. Totem e Tabu, 1914. *Obras Completas.* Rio de Janeiro: Imago, 1973c.

_____. Introdução ao Narcisismo, 1914. *Obras Completas.* Rio de Janeiro: Imago, 1973d.

_____. Além do Princípio do Prazer, 1920. *Obras Completas.* Rio de Janeiro: Imago, 1973e.

_____. O Futuro de Uma Ilusão. *Obras Completas.* Rio de Janeiro: Imago, 1973f.

FREYRE, G. *Casa grande e senzala:* formação da família brasileira sob o regime da economia patriarcal. 13.ed. Rio de Janeiro: José Olympio Ed., 1966.

GARCIA, C. *A Época Que Mudou O Mundo* In: www1.folha.uol.com. Br/folha/almanaque/anos60.htm.

GENTILI, P. A. A. e SILVA, T. T. da (Orgs.). *Neoliberalismo, qualidade total e educação.* Petrópolis: Editora Vozes, 1994.

GUIRADO, M. *Instituição e Relações Afetivas:* o vínculo com o abandono. São Paulo: Summus, 1986.

GÜNTHER, I. de A. *Adolescência e Projeto de Vida.* Disponível em: <http:// www.adolesc.br. Acesso em 20/ mai/ 2005.

158 MÁRCIA APARECIDA BERTOLUCCI PRATTA

HERRMANN, F. *Andaimes do real:* psicanálise do quotidiano. 3.ed. São Paulo: Casa do Psicólogo, 2001.

HOBSBAWM, E. Era dos Extremos. *O breve século XX.* 1914-1991. 2.ed. São Paulo: Companhia das Letras, 1995.

HORKHEIMER, M. e ADORNO, T. W. *Temas Básicos de Sociologia (1956).* Trad. Álvaro Cabral. São Paulo: Cultrix, 1973.

HOUAISS, A.; VILLAR, M. de S.; FRANCO, F. M. de M. *Dicionário Houaiss de língua portuguesa.* Rio de Janeiro: Editora Objetiva, 2001. p.2009.

IBGE - Índice Brasileiro de Geografia e Estatística - www.datasus.gov. br, em 20/10/2005.

IPEA – Instituto de Pesquisa Econômica Aplicada – www.ipea.gov.br, em 10/12/2005.

JEAMMET, P. As patologias do Agir. Trad. PIERINI, F. L. Revisão de AMARAL, M. do artigo : *Approche psychodynamique de la psychopathologie de l'agir à l'adolescence.* In: Bulletin de l'"ACIRP, Adolescence et psychanalyse, Journée des CMPP de Besançon, 09/04/94, n.2, 75-92.

JEAMMET, P., CORCOS, M. *Novas problemáticas da adolescência:* evolução e maneja da dependência. São Paulo: Casa do Psicólogo, 2005.

KUPFER. M. C. *Freud e a Educação:* o mestre do impossível. 3.ed. São Paulo: Editora Scipione, 2000.

Lei n° 8.060/90 – Estatuto da Criança e do Adolescente.

LEVISKY, D. L. *Adolescência:* reflexões psicanalíticas. Porto Alegre: Artes Médicas, 1995.

_____. Adolescência: pelos caminhos da violência. *A psicanálise na prática social.* São Paulo: Casa do Psicólogo, 1998.

LIBÓRIO, R. M. C. *Aspectos psicológicos envolvidos na produção da exploração sexual de adolescentes.* Presidente Prudente, 2002. Dissertação de Mestrado. Universidade do Estado de São Paulo.

LYPOVETSKY, G. *Lê crépuscule du devoir.* Portugal: Galimard, 1992.

_____. *A era do vazio:* ensaios sobre o individualismo contemporâneo. Barueri: Manole, 2005.

MARCUSE, H. *A ideologia da sociedade industrial (1966).* Trad. Giasone Rebuá. 3.ed. Rio de Janeiro: Zahar Editores, 1969.

_____. *Eros e Civilização:* uma interpretação filosófica do pensamento de Freud. Trad. Álvaro Cabral. São Paulo: Círculo do Livro, 1966.

ADOLESCENTES E JOVENS... EM AÇÃO! 159

MEC (Ministério da Educação e Cultura)/Unesco. *Educação:* um tesouro a descobrir. 6.ed. São Paulo: Cortez; Brasília, DF: MEC:Unesco, 2001.

MÉSZÁROS, I. *O século XXI:* socialismo ou barbárie? São Paulo: Boitempo, 2003.

MEZAN, R. *Freud:* pensador da cultura. 4.ed. São Paulo: Brasiliense, 1986.

MICHAELIS. *Moderno dicionário da língua portuguesa.* São Paulo: Melhoramentos, 1975. ISBN: 85-06-0259-4. www2.uol.com.br/ Michaelis.

OLIVEIRA, M. L. *"Dês/obede/serás":* sobre o sentido da contestação Adolescente. Campinas, 1984. Dissertação de Mestrado. Pontifícia Universidade de São Paulo.

_____. *Contribuições da Psicanálise para a compreensão da criatividade.* São Paulo: Moderna, 2001.

_____. (Org.). *Educação e Psicanálise:* história, atualidade e perspectivas. São Paulo: Casa do Psicólogo, 2003.

JOSÓRIO, L. C. *Família hoje.* Porto Alegre: Artes Médicas, 1996.

OUTEIRAL, J.; CEREZER, C. *O mal-estar na escola.* 2.ed. Rio de Janeiro: Revinter, 2005.

PELEGRINO, H. *Pacto edípico e pacto social.* In Folhetim/Folha de São Paulo, n.347, 11/09/1983, p.9-11.

PEREIRA, F. R. P. *Jovens em conflito com a lei:* a violência na vida cotidiana. Ribeirão Preto, 2002. Dissertação (Mestrado em Psicologia) – Faculdade de Filosofia, Ciências e Letras de Ribeirão Preto / USP – Dep. de Psicologia e Educação.

PLATÃO. *A República.* São Paulo: Difel, 1973. 2ª educação *in* ARANHA, M. L. de A. *História da Educação.* São Paulo: Moderna, 1989.

POLITY, E. *Educação e Psicanálise* – da aprendizagem nos casos-limite. www.psicopedagogia.com.br/artigos/artigo.asp?entrID=388, em 01/01/2003.

PORTO, T. da S. *O estados-limite e o narcisismo freudiano.* www.sedes.org.br/Departamentos/Pscanalise/estados_limite_Tiago_porto.htm em 02/01/03 02/01/03.

PÔSTER, M. Teoria crítica da família. Trad. Álvaro Cabral. Rio de Janeiro: Zahar Editores, 1979.

160 MÁRCIA APARECIDA BERTOLUCCI PRATTA

PREFEITURA DO MUNICÍPIO DE DESCALVADO. Secretarias de Educação, Cultura, Esporte e Turismo; Secretaria de Assistência e Promoção Social e Secretaria da Saúde. Descalvado/SP.

PRIORI, M. D. *Criança e Crianças:* história e memória em quinhentos anos de Brasil. www.tropicologia.org.Br/conferência/1999crianca. html em 23/10/2005.

REIS, A. O. A. & ZIONI, F. *O lugar do feminino na construção do conceito de adolescência.* Rev. Saúde Pública, Dez 1993, v.27, n.6, p.472-7. ISSN 0034-8910. www.scielo.br/scielo.php?script=sci_arttext&pid=S0034-8910i993000600010&Ing=pt&nrm=iso. p.475.

REVISTA IDÉIAS, n.29. *Papel da Educação na ação preventiva ao abuso de drogas e às DST/Aids.* Fundação para o desenvolvimento da Educação. 3 ed. São Paulo, 1998.

ROUSSEAU, Jean-Jaques. *Emílio ou da Educação.* São Paulo: Martins Fontes, 1999.

ROUANET, P. *Mal-estar na modernidade.* São Paulo: Companhia da Letras, 1993.

RUIZ, J. M. *Violência Psicológica:* uma análise apoiada no olhar e na escuta de conselheiros tutelares. Assis, 2003. Dissertação (Mestrado em Psicologia) – Faculdade de Ciências e Letras de Assis, Universidade Estadual Júlio de Mesquita Filho.

SANTOS, A. V. S. V. Subjetividades: adolescentes, leis e sociedade. *Estudo psicossocial com jovens autores de atos infracionais na medida socioeducativa de liberdade assistida.* Assis, 2003. Dissertação (Mestrado em Psicologia), Faculdade de Ciências e Letras, Campus de Assis, Universidade Estadual "Júlio de Mesquita Filho".

SEADE. Fundação de Sistema Estadual de Análises de Dados (www. seade.gov.br)

SEGUNDA VARA DA COMARCA DE DESCALVADO/SP – Seção da Infância e da Juventude.

SENNET, R. *A corrosão do caráter:* as conseqüências pessoais do trabalho no novo capitalismo. Trad. Marcos Santarrita. Rio de Janeiro: Record, 1999.

SOUZA, A. S. L. Psicanálise e educação: lugares e fronteiras. *In* OLIVEIRA, M. L. (Org.). *Educação e Psicanálise:* história, atualidade e perspectivas. São Paulo: Casa do Psicólogo, 2003.

SOBRE O LIVRO

Formato: 14 x 21 cm
Mancha: 23,7 x 42,5 paicas
Tipologia: Horley Old Style 10,5/14
Papel: Offset 75 g/m² (miolo)
Cartão Supremo 250 g/m² (capa)
1ª edição: 2008

EQUIPE DE REALIZAÇÃO

Coordenação Geral
Marcos Keith Takahashi

Impressão e Acabamento:

Geográfica
editora